公路工程路基病害探测与治理技术

惠　冰　张重阳　主　编
张文俊　何　晨　副主编

上海交通大學出版社
SHANGHAI JIAO TONG UNIVERSITY PRESS

内容提要

本书共分为 7 章，主要介绍了路基的病害类型、病害产生因素、治理方法及材料的应用，并基于修正 M-C 本构模型，建立了三维数学模型，得出路基分层变形特征。本书内容新颖、理论性及实用性强，可作为从事路基工程设计、施工、监理、检测和科学研究的工程师和技术人员的工具书，也可供岩土工程、土木工程等专业领域的师生和科技工程者参考。

图书在版编目(CIP)数据

公路工程路基病害探测与治理技术 / 惠冰，张重阳主编. -- 上海：上海交通大学出版社，2025.1
ISBN 978-7-313-30076-8

Ⅰ. ①公… Ⅱ. ①惠… ②张… Ⅲ. ①公路路基-病害-防治 Ⅳ. ① U418.5

中国国家版本馆 CIP 数据核字 (2024) 第 053216 号

公路工程路基病害探测与治理技术
GONGLU GONGCHENG LUJI BINGHAI TANCE YU ZHILI JISHU

主　　编：惠　冰　张重阳
出版发行：上海交通大学出版社
邮政编码：200030
印　　制：三河市龙大印装有限公司
开　　本：710 mm × 1000mm　1/16
字　　数：140 千字
版　　次：2025 年 1 月第 1 版
书　　号：ISBN 978-7-313-30076-8
定　　价：58.00 元

地　　址：上海市番禺路 951 号
电　　话：021-64071208
经　　销：全国新华书店
印　　张：8.5
印　　次：2025 年 1 月第 1 版印刷

编 委 会

主　　编： 惠　冰　张重阳

副 主 编： 张文俊　何　晨

编　　委： 张　星　叶　铮　聂健行　邓经祥　王振军　安茂平
董　煊　刘广波　王文捷　李鸿钊　陈　朋　苗　鑫
郑子豪　张　旭　牛立可　马明畅　李兆龙　罗志球
马士杰　付建村　赵忠孝　陈俊玮　张　立　石亚强
赵建飞　李　浩　金　龙　罗　涛

主编单位： 山东省交通科学研究院、中铁二十三局集团第一工程有限公司、中铁二十三局集团有限公司、泰安市交通运输局、泰安市交通运输局重点项目建设服务中心、葛洲坝集团交通投资有限公司、山东开放大学

前言

随着我国交通基础设施建设快速发展，《交通强国建设纲要》对道路工程中路基提出更高的要求。路基工程涉及道路工程、材料力学、土力学、工程力学与计算机等多学科交叉领域。特别对于桥涵刚柔过渡区域，一旦发生差异沉降，会造成路基桥头“跳车”等病害，甚至造成路基整体失稳破坏甚至桥台垮塌，从而会造成严重的质量事故。为保障路基质量安全与稳定，研究公路工程路基病害探测与治理技术具有重要的意义和工程价值。

针对路基病害发展与治理安全和稳定问题，通过理论分析、数值模拟、室内外实验和工程验证等综合方法，开展了路基质量控制与病害精细化探测治理系统研究，得出了路基沉降主控因素，基于修正 M-C 本构模型，建立了三维数字模型，得出路基回填土分层变形特征。基于地质雷达建立了浅层病害精准探测技术，开发了深部微震双频共振缺陷捕捉探测技术，形成了浅部雷达、深部微震综合探察方法。设计了注浆治理参数，提出并优化了注浆加固范围的关键控制工艺。改进了路基空洞充填裸孔压力注浆装置，构建了关键孔评估模型，建立了路基回填土注浆控制关键技术。分析对比了水泥、水玻璃等常规注浆材料及新型注浆材料（气泡轻质土）的注浆加固效果，发明了注浆与轻质回填新材料。

书中全部内容为山东省交通运输厅科技计划项目(2021B40)的研究成果。本书第1章、第2章、第4章由惠冰撰写，第3章由张文俊撰写，第5章、第6章由张重阳撰写，第7章、第8章由何晨撰写。全书由惠冰负责统稿工作。

为了对路基有全面深入地了解，书中对国内外其他研究人员取得的成果也做了扼要介绍和引用，谨此致谢。

应该指出，路基是一门材料学和土力学的交叉学科，有许多理论和实际应用问题尚需做进一步的研究和完善。由于作者水平及经验有限，书中存在不足之处，恳请前辈及同人不吝赐教。

目 录

「1」 绪 论

1.1 引言

2019 年 9 月，中共中央、国务院印发了《交通强国建设纲要》，同时山东省作为交通强国试点省份之一，对交通基础设施的建设提出更高要求。为适应高品质、高质量、高标准要求，山东省对工程质量建设相继出台多项举措。目前山东省已建高速公路中绝大部分是双向四车道，已经不能适应交通量的增长，迫切需要扩大道路通行能力。解决这一问题目前有两种途径：一种是新建高速公路；另一种是对既有高速公路进行改扩建，在此基础上进行加宽。截至现在，山东省已经对济青高速公路、京沪高速公路、京台高速公路等先后进行了改扩建，同时新建项目也在逐年增加，如济高高速公路、泰东高速公路、沾临高速公路、新台高速公路等一批新建项目已经成为山东省公路建设的关键。

目前，在高速公路改扩建施工工程中，由于路基所处结构层特殊，临近桥台等构造物，施工比较复杂，如果设计方案不合理，施工中采取的措施不当，极易导致诸多问题：①路堤整体滑移。路堤在自重及行车荷载作用下，产生朝桥内的滑动趋势，进而形成横向裂缝或整体滑移，使得路桥过渡区内路堤高度下降，与桥台产生相对高差，从而引起桥头跳车。②路桥过渡区形成台阶或凹陷。过渡区内路基发生局部或整体沉降时，与桥台形成台阶；而当过渡区内路基或路面破坏较为严重，发生局部凹陷时，此两者均将引起桥头跳车。③搭板断裂。桥头混凝土强度不足或浇筑不合理时，容易发生断裂。例如，枕梁内部路基沉降小于外部沉降，搭板板底出现脱空，加之搭板厚度不足，搭板在行车荷载作用下产生应力集中而被折断。④搭板末端不均匀沉降。施工中重视搭板区路堤的压实和注浆，忽略了搭板以外一般路段的压实及其他处理，导致搭板在路面宽度及行车方向上均产生不均匀沉降，从而引发跳车。

而在高速公路改扩建工程投入运营后，由于路基与桥涵构造物出现不同的沉降变形，会造成路基出现台阶型差异沉降、结构错位、路桥连接处开裂等一系列路面病害现象，导致车辆在高速行驶过程中，通过路桥连接处时会产生跳跃和冲击，这不仅会造成车辆行驶速度骤降，使司机和乘客感到颠簸不适，严重可导致交通事故，而且会对桥涵和路面造成附加的冲击荷载，使得上述路面病害不断加剧陷入恶性循环，大大增加了道路的维修费用；同时路基回填段的填料本身在自重及车辆的垂直与冲击荷载作用下，会产生较大的压缩沉降，天然地基土长期承受过大的附加荷载，也会发生一定的压缩变形，使得路基回填路段整体沉降变形过大；此外路基回填土长期受到桥下流水的侵蚀冲刷作用，导致回填土部分甚至全部流失，极易造成路基整体失稳破坏甚至桥台垮塌，从而造成严重的交通事故，如图 1.1 所示。

图 1.1　路基病害

国内外诸多学者对路基不均匀沉降等病害进行了很多研究，但至今仍没有一种方法能彻底解决此类现象的发生，虽然山东省高速公路品质工程建设取得了一定进展，但由于高速公路新建（改扩建）工程施工难度大、工艺复杂、对质量要求高，因此解决高速公路路基加宽中纵横向不均匀沉降问题，为高速公路加宽提供可靠的理论依据，确保其质量具有重大的意义。

1.2　本书主要内容

本书分析了公路工程路基沉降影响主控因素，采用分层总和法计算了回填土变形沉降量，采用无损检测技术及微型钻孔手段揭露了路基病害体空间展布形态，形成了完善的路基沉降综合探查技术，分析对比了水泥—水玻璃等常用注浆材料及新型注浆材料（气泡轻质土）的注浆加固效果，建立了路基注浆控制关键技术。设计了病害体探测路线及注浆治理工艺，提出并优化了注浆加固范围的关键控制参数，建立了一套公路工程路基沉降探查与注浆控制关键技术应用体系。主要内容如下：

（1）揭示了路基刚柔过渡段渐变原理，得出了路基沉降主控因素。

（2）基于地质雷达建立了浅层病害精准探测技术，开发了深部微震双频共振缺陷捕捉探测技术，形成了浅部雷达—深部微震综合探察方法。

（3）设计了注浆治理参数，提出并优化了注浆加固范围的关键控制工艺，改进了路基空洞充填裸孔压力注浆装置，构建了关键孔评估模型，建立了路基回填土注浆控制关键技术。

（4）分析对比了水泥—水玻璃等常规注浆材料及新型注浆材料（气泡轻质土）的注浆加固效果，发明了注浆与轻质回填新材料。

1.3 本书结构安排

本书将通过深入研究现有的路基变形控制理论并结合工程实践应用经验，提出解决路基病害问题的产生机理、探测方法和解决途径，为工程和行车安全保驾护航。

本书总共有 7 章，每一章的大概内容如下：

第 1 章介绍了本书的主要内容和基本结构安排。

第 2 章介绍了路基的病害类型以及病害产生因素，简单介绍了常用的病害治理方法、材料。

第 3 章介绍了路基沉降的主控因素与变形特征研究。

第 4 章介绍了路基缺陷的探查方法，使用无损检测手段检测路基缺陷。

第 5 章提出了路基缺陷的注浆治理手段，提出了关键孔控制理论，该方法获得了很好的注浆治理效果。

第 6 章研发了一种路基回填新型材料，通过配合比设计、实验验证、工程实验等手段证明了该材料的实用性，并提出了质量保证措施。

第 7 章结合作者所参与的应用工程，以枣菏高速公路、济南市黄河公路大桥工程为例，验证本书提出方法的应用效果，在实际应用场景中有效解决了路基缺陷探查、注浆治理的实际问题。

「2」 路基病害及治理

路基病害有多种表现形式，病害的产生受多种因素影响，治理手段也多种多样，本章将对上述内容进行阐述和分析，为路基病害的治理奠定基础。

2.1 病害形式

2.1.1 差异沉降

路基回填路段在填料自重和车辆的垂直与冲击荷载作用下，整体发生过大的压缩变形，使路桥过渡段出现过大的差异沉降，这是路基路段病害的主要表现形式。为此，在路基回填施工中，如沙砾、碎石土、河沙等强度高及透水性好的回填材料，在有条件的地区被广泛应用。另外，对填筑材料进行整体加固也是一个重要的研究方向，如土工材料加筋路堤，长沙交通学院自 1991 年开始进行了土工网对于桥头“跳车”处理效果的研究工作，牛同辉[1]等研究了采用双向土工格栅加筋路堤处理桥头“跳车”的可能性。谢永利教授领导的课题组提出了将土工格室应用在路桥过渡段，以减小差异沉降的处理方法。

在差异沉降平稳过渡方面，胡幼常[2]认为消除路桥过渡段错台、跳车等病害现象的根本在于“刚柔过渡”，可以采用一定长度的刚柔渐变段来实现桥涵构造物、路堤刚度和塑性变形的“刚柔过渡”；刘代全[3]等应用半刚性挤密桩来实现路桥衔接处的“刚柔过渡”。从桥涵构造物方面考虑，柔性桥台的设计可适当降低桥台刚度，缩小桥台和路堤之间的刚度差，使其衔接处沉降均匀过渡。设置搭板是另一种快捷有效的治理路桥连接段台阶式差异沉降的方法，自东南大学提出桥头搭板结构构造及设计计算方法后，桥头搭板在我国得到广泛应用，桥头搭板的使用将发生在路桥连接处的台阶式差异沉降缓和到更长的范围内，往往和其他处理措施一起运用。

2.1.2 排水不畅及填土滑移

在桥涵构造物与路基回填段的交界处，由于降雨量过大等原因导致的路面排水不畅以及施工缝的存在，雨水会沿缝隙渗入填料内部，对回填料结构层产生浸蚀和冲刷，使路面各结构层和路基填料的含水量增大，降低回填料的抗剪切能力；尤其是当回填料为沙砾土或者级配沙时，细小颗粒会随着流动水的冲刷产生位移，使填料整体结构发生破坏，导致回填料容易发生侧向位移，向桥台锥坡或路堤的两侧滑移，在长期的外部荷载作用下，会导致桥涵构造物路基路堤出现塌陷，严重影响路面质量。

2.2 病害产生因素

2.2.1 天然地基沉降

天然地基土的沉降过大是导致路基回填段沉降过大的主要原因之一。完成自密实沉降后，进行路基回填时，天然地基土需承受来自路基回填材料自身重量及外部荷载的作用。特别是在一般桥涵构造物处，路基填土高度较大，这使得天然地基土长期承受除自重以外的过大附加荷载，导致其产生过大的沉降变形。除了路基回填材料的重度及其填筑高度，天然地基土的固结程度也是这种沉降变形的重要影响因素。

2.2.2 回填土自身压缩沉降

回填土的自身压缩变形主要是由于回填材料一般压缩模量较小，且常处在欠密实状态，在回填料自重和车辆荷载作用下，路基回填材料发生压缩变形，孔隙率不断减小，密实程度随之增大，因此在长时间运营过程中路基回填路段会产生较大沉降变形。而且按照一般施工方法，都是在桥涵构造物施工完成后再进行路基的回填施工，这使得在路基回填施工中要克服填土高、施工面狭窄且无法使用大型机械等困难，因此路基回填材料的压实度很难达到设计阶段的压实度要求。而实际施工时，土方往往又不能达到最佳含水量，而且一些地区由于其他原因造成已有的路面破坏，使大量雨水轻易渗入回填料中，使路基回填段土体强度降低，加速回填料自身沉降变形。过大的沉降变形会加大回填土对桥涵构造物的附加压力，严重时会使桥涵构造物向后方倾斜，危及行车安全。

2.3 路桥过渡段治理

2.3.1 路基治理措施

在国内，随着高速公路的不断发展以及城市道路的不断兴建，相应的在路桥过渡段这一位置的病害也层出不穷。因此，从20世纪80年代后期，我国也开始对路桥过渡段处治方法的研究，其主要处治措施有以下几种。

(1) 加筋路基。土工格栅具有力学性能优良、抗变形能力及抗老化性能良好等优点，其处理路基的作用主要是减少桥背填土的沉降，将桥路结合处差异沉降产生的错台变化为一定斜度的沉降差缓慢过渡。周志刚等[4]则针对土工格栅加筋柔性（GRS）桥台的工作机理与解决桥头跳车的合理性问题进行了相关研究，这些研究成果为指导加筋回填路基处治工程实践提供了技术支持。郑健龙等[5]通过分析土工格栅和构筑物路基及路基填土三者之间相互作用的力学特性，提出了采用土工格栅加固桥涵、通道等构筑物的路基填土力学模型，之后进行土工格栅的相应计算理论、结构模型的研究及相应程序的编写，并在多个土工格栅加固桥台路基回填路基的实体工程中得到了应用。刘萌成等[6]通过有限元方法研究了不同加筋设计参数（加筋间距、加筋长度及筋材刚度），以及回填材料强度与地基刚度对路基回填区竖向沉降、水平变形的影响。

(2) 地基加固处理。桥梁通常建造在河流上，桥台附近地基土含水量大，大部分为软土地基，在路堤作用下路堤极易产生过大沉降，造成错台等现象，因此对地基进行加固处理是减小不均匀沉降的有效措施之一。国内常用的地基处理防治措施如下：换填，超载预压、塑料排水板，强夯，沙桩、挤密柱复合地基，湿喷桩（粉喷桩）复合地基，CFG桩复合地基，预应力管桩复合地基等。

孟杰等[7]研究沙桩复合地基处理台后填土，使桥头软基形成了由沙桩和桩间土共同承担外部荷载的复合地基。刘恒新等[8]在国内首次采用低强度混凝土桩复合地基加固高速公路通道深厚软土地基，以解决桥头跳车等问题。郭庆海等[9]采用搅拌桩来处理桥头软基，从工程实例治理结果来看，沉降速率收敛很快，地基沉降明显减小。叶俊能等[10]用变桩长的沉管灌注筒桩来处治桥头软基，从现场观测数据显示，与塑料排水板、粉喷桩等处理方法相比，该法具有技术优越、经济合理等优点。

(3) 路桥间刚度和沉降的匀顺渐变过渡。桥台与台后路堤刚度差异是引起桥头跳车的原因之一，而解决这一问题常用的方法是在路桥过渡段设置桥头混凝土搭板，设置“刚柔过渡”形式。桥头混凝土搭板能起到“刚柔过渡”的作用，在地质较好的地区对预防不均匀沉降能够起到良好的效果。丁彦昕[11]提出了桥头搭板尺寸及搭板尾部枕梁的设计方法，指出桥头搭板承载能力必须满足要求，要避免板下填料严重脱空致使搭板突然断裂的危险。但是，由于搭板下枕梁的下沉易使其形成“二次跳车”现象，因此仅仅采用桥头搭板并不能完全解决桥头跳车问题，它往往和其他处理措施一起运用。土工格室是目前国内外运用比较多的新型高强度土工合成材料，它是一种三维网状格室结构，在格室单元中充填沙、碎石或泥土等松散材料，构成具有强大侧向限制和较大刚度的结构，形成土工格室柔性结构体系。张宏光等[12]提出了土工格室楔形柔性搭板来处治桥头跳车的方法。蒋功雪提出“刚柔过渡”思想，其处治思路是使用某种处治方法在路堤与构筑物之间过渡两者的刚度差，从而使两者的差异沉降在这一范围内渐变，消除桥头跳车。

2.3.2 路桥过渡段回填材料

已有的国内外大量文献资料就路基回填材料，以及回填中的沉降、稳定性问题进行了分析研究。为了减小回填部分的工后沉降，通常采用沙砾土或碎石土等透水性较好、强度高、稳定性较好的材料。但是由于这些填料具有容重大、不易压实获得高强度的缺陷，从而产生较大的工后沉降，致使过渡区域出现错台、路面沉陷、搭板断裂等病害。为了较好地解决填土与公路结构物过渡段差异沉降的问题，新型路基回填材料应运而生。迄今为止，应用与研究较多的填料包括级配沙砾、土工泡沫 EPS、气泡混合轻质土、无沙大空隙混凝土及粉煤灰材料等。一些工程在路桥过渡段中还尝试采用土工格栅加筋回填材料，以降低路桥过渡段的差异沉降。

1. 级配沙砾

沙砾材料具有强度高、透水性好、内摩擦角较大、回弹模量高、水稳性好、易于压实、压实工艺简便等工程特性，且可以就地取材。沙砾的级配状况是衡量其密实程度的重要指标。

1）天然级配沙砾

大量的工程实践和实验数据证明，凡是密实的天然级配沙砾，大于 5 mm 的砾石含量都为 70%～77%，这样级配的干容重最大，而且粗颗粒形成的骨架，使细颗粒正好填满空隙，经过大吨位压路机的振动碾轧，彼此找到一种最佳的镶嵌位置，这样的骨架几乎是不沉陷的。当含石量超出或低于上述范围时，则形成砾石间的空隙细粒料填不满或沙包石现象，这两种情况密实效果相对较差。

2）人工组配的级配沙砾

在青（岛）银（川）高速公路（青岛段）第六合同段的路基回填中采用级配沙砾，工程中选用符合规范要求的地产 1～3 cm 级配碎石及地产粗沙，确定出符合规范及工程实际要求的配合比为 20%沙：80%碎石的级配沙砾，将材料进场充分拌合后形成，再按一定施工工艺进行回填路基，取得了不错的效果。此外，岚济线的路基回填中也采用了配合比为 20%沙：80%碎石的级配沙砾作为路基回填材料，取得了良好的效果。

但采用这两种方法回填路基的不足之处在于价格较高、对路基的土压力很大、压路机不易在路基附近压实等。

2. 土工格栅（网）

由于土工格栅具有较高的抗拉强度，以适当的方式铺设在土中时，可以约束土的拉伸应变，减少土的变形，从而增加土的模量。为了减少桥涵台后回填的沉降，在桥涵台后的回填料中分层铺设土工格栅，土工格栅发挥其抗拉强度，通过其与土体之间的摩擦作用约束土体的侧向变形，从而达到提高土体承载力和抗剪强度的目的，降低路桥过渡段的差异沉降。张兴强等[13]建立了土工格栅与土动力相互作用分析模型来研究交通荷载作用下土工格栅加筋路基路面减小这种差异沉降的效果，对交通荷载作用下土工格栅加筋路基路面作用机理进行了较为深入的研究。张志强[14]运用优化理论，对土工格栅处理路基沉降的设计及施工工序的优化进行了探讨，提出了一套实用可行的土工格栅处理路基回填的优化设计思路。土工格栅的加筋作用明显，并会对土压力和沉降变形产生显著的影响。加筋提高了回填材料的强度与刚度，从而减小了回填体作用于路基的侧向土压力和回填自身的压缩变形。已有的工程实践证明，采用了土工格栅（网）后，虽然过渡段填土的总压缩量减少不多，但是，路基路桥交界处的台阶或跳跃沉降变为连续的斜坡沉降，路基沉降变得不再明显。

3. 轻质回填材料

近年来，一些国家在路基回填工程中采用土工泡沫可发性聚苯乙烯（Expandable Polystyrene，EPS）、气泡混合轻质土以及无沙大空隙混凝土等轻质工程材料，对降低路基与路基的沉降差异取得了明显的效果。

1）土工泡沫 EPS

发泡聚苯乙烯，又称可发性聚苯乙烯是由黏状聚苯乙烯颗粒发泡而成的，聚苯乙烯颗粒中主要含有聚苯乙烯、可溶性戊烷（膨胀成分）和防火剂。在 EPS 的成型过程中，聚苯乙烯颗粒中的戊烷受热气化，在颗粒中膨胀形成许多封闭的空腔。这种均匀的封闭空腔结构决定了 EPS 具有许多其他土工泡沫材料所没有的特性。

EPS 具有超轻性、耐压缩性、自立性、耐久性、热传导性和施工简单、方便、快捷、不污染环境及能缩短工期等优点。其容重为0.18～0.40 kN/m^3，是普通土的 1/70～1/50，用 EPS 回填路基可以大大减轻路堤体的重量，有效降低地基压力，减少沉降并增大稳定安全系数从而避免垂直错位，能成功地遏制桥涵连接路堤处的差异沉降。同时还可以减少桥台等构筑物的土压力，从而减少构筑物的移动变形，改善结构物的稳定性。李云飞[15]对杭甬高速公路望童桥桥头的沉降进行了有限元分析，通过比较相同状态下分别用 EPS、粉煤灰、一般黏土做填料时的路堤沉降值，认为 EPS 材料在减少路基与路堤的差异沉降方面具有明显的优越性。

2）气泡混合轻质土

气泡混合轻质土是在原料土中按照一定的比例添加固化剂、水和预先制作的气泡群，进行充分的混合、搅拌后所形成的轻型土工材料。气泡混合轻质土的容重比一般土体的小得多，而强度和变形特性可达到甚至超过良好的土体，有如下特性：轻质性、强度的可调节性、高流动性、固化后的自立性、良好的施工性、耐久性、良好的隔热及隔音效果及抗冻融性能。陈朋等[16]依托具体工程项目，优选水泥、低等级粉煤灰、发泡剂及土体等进行配合比实验，研究不同水泥掺量下粉煤灰基气泡轻质土的物理力学特征。优选了粉煤灰基气泡轻质土的各项物理力学指标，取得了显著的经济效益。

3）无沙大空隙混凝土

无沙大空隙混凝土为由水泥、粗集料和水拌制而成的混合料，不含细集料。由于无沙混凝土中没有细集料，所以其内部存在大量的孔洞，即空隙率大。与普通混凝土相比，无沙大空隙混凝土有以下特点：堆积密度小，通常为1400～1900 kg/m³，水的毛细现象不显著，水泥用量少，约为同强度普通混凝土的1/2。广东惠州西林河大桥增城路基回填中采用了该易于施工、无须碾轧、孔隙率大、强度大、密度小、透水性好的无沙大空隙混凝土作为路基回填料。对比西林河大桥工程中两侧路基的施工结果，可知采用此方法处理比常规施工处理造价上增加了3万多元（与桥台的高度和宽度有关）。而且该次路基回填宽度和高度都比较小，无沙大空隙混凝土在路基回填中尚属于一门新的技术，对于大面积、大体积的路基回填效果有待工程实践的进一步检验。

4）粉煤灰材料

孙吉书[17]采用土工网格加筋高钙粉煤灰与粉煤灰混合料进行路基回填。实际工程观测结果表明，加筋高钙粉煤灰用于治理桥头跳车病害的效果较明显。沈正等[18]采用ABAQUS有限元软件，对路堤的填筑过程与工后路堤沉降变形的实际工况进行数值模拟，就路基回填段分别填筑粉质黏土、固化粉煤灰时，桥涵构造物与路基回填段及搭板与路面衔接处的差异沉降进行了模拟计算。研究结论表明采用固化粉煤灰回填可减少桥涵构造物与路基回填段及桥台搭板与路面交界处的差异沉降。针对不同材料配比下石灰粉煤灰的力学特性、压实特性和水稳特性等工程指标进行实验对比。实验数据表明，石灰粉煤灰混合料28d龄期已基本硬化后抗压强度在1.80 MPa以上，弹性模量达到300 MPa以上，在外部荷载作用下不会发生较大压缩变形。因此，在路桥投入运营后不会发生填料自身的压缩变形，工后也无须像填土那样需要足够的压实度，极大地提高了施工效率，比较适合在公路构造物路基回填中应用。惠冰[19]结合公路行业特点，开展煤矸石路基可行性研究，探讨了固废材料在建设路基中应用的可能性。

2.4 本章小结

（1）本章对路基病害的形式和产生因素进行了分析，病害形式主要包括差异沉降和排水不畅及填土滑移，天然地基沉降和回填土自身的沉降是病害产生的主要因素。

（2）对桥涵过渡段病害治理措施进行了阐述，主要治理措施有加筋路基、地基加固处理、路桥间刚度、沉降匀顺渐变过渡等方式，并对治理材料进行了分析，主要回填材料有级配沙砾、土工格栅和轻质回填材料，轻质回填材料主要有土工泡沫 EPS、气泡混合轻质土、无沙大空隙混凝土、粉煤灰材料等，每种材料都有其适用条件。

「3」 路基沉降主控因素与变形特征

本章从设计原因、施工原因、材料力学性质原因、桥台和路基变形量的定量分析、桥梁基础和引道地基沉降量的定量分析等方面对路基沉降的主控因素进行分析，并采用数值计算的方法对路基分层填筑的变形特征进行分析，为路基沉降治理提供理论支持。

3.1 路基沉降主控因素与变形理论分析

路基沉降是柔性路堤在行车荷载的反复作用下，因不同位置产生变形较大差异引起的差异沉降导致的。造成原因主要包括设计、施工、材料等问题。

3.1.1 设计原因分析

路基沉降主要是设计上没有因地制宜地采取有效措施，设计相对简单。对特殊路基处理设计方面考虑不周，导致施工过程对桥头路堤及锥坡范围内的地基稳定性的处理不能满足要求，锥坡填挖交界处的处理设计过于简单；台后和构造物两侧的填料选用不当；碾轧方式控制相对简单。

3.1.2 施工原因分析

施工组织不合理，造成桥头路堤两侧的碾轧作业面过小，又没有采用特殊的手段来保证压实充分，以致压实度差异较大引起差异沉降；工序安排不合理，桥头两侧的路堤最后压实，造成与先填筑部分沉降速度不一致，导致差异沉降；在施工过程中，对桥头构造物两侧的填料压实控制不严，主要是含水率和压实度控制不严，达不到设计的要求；路面两侧排水没有充分重视，防护工程不完善，引起路基土受到冲刷，降低了路基的强度；路面渗水侵入路基，使路基土干湿状态发生变化，进而引起强度变化；对特殊地基认识不足，没有按设计和施工规范要求进行处理。

3.1.3 材料的力学性质原因分析

从材料变形力学角度出发，用对比法区分主要因素和次要因素引起桥头跳车的原因。

(1) 桥梁所用建筑材料为弹性材料（可视为刚体），虽然在荷载作用下会发生变形，但其变形量很小；桥梁基础埋入地下，在自重及荷载作用下会发生沉降，正常情况下其沉降量很小，可忽略不计。

(2) 路面所用建筑材料同样为弹性材料，基层为半刚性材料，虽然在荷载作用下会发生变形，但其变形量很小，仅在理论上值得解析，工程中可忽略不计。

(3) 路基填筑材料为弹塑性材料，在荷载作用下会发生变形，而且变形量较大；其基础建在地面上，在自重及荷载作用下易发生沉降，而且沉降量较大，是产生桥头跳车的主要原因之一。

(4) 路堤依靠地面承载力支撑，地面虽经提前碾轧但其毕竟为天然基础，沉降明显。另外，路堤本身在荷载作用下产生塑性变形，水浸后粒料内部颗粒之间产生纵向位移，是产生桥头跳车的另一主要原因，必须认真解析。

从上述材料的力学性质分析可以看出，弹性体基本上不发生变形及沉降，塑性体发生变形及沉降；而弹性体与塑性体恰恰在桥头处相接，中间无过渡体。因此，在同一横断面处（即桥头），由于弹性体与塑性体直接相接，沉降量产生变异，引起路面标高突变，造成行车时车辆跳跃，即桥头跳车，影响行车安全与舒适。

3.1.4 路基过渡段结构的原因

结构物路基墙体为刚性很大的坚石砌筑、钢筋混凝土浇筑的刚性体，而路基一般是用刚性较小且柔性较大的土体填筑而成的，为弹塑性体。从结构的力学角度分析，路基土中体与混凝土结构物之间存在着较大的刚度差异，直接引起路基土体与结构物之间产生较大的塑性变形。同时造成较大的刚度突变。如果产生刚度差的区域，路基体土与结构物路基墙体之间的一定范围内逐渐变化，使得塑性变形不均匀差异同样在该区域渐变，且保证渐变后任何一点的刚度差不致引起跳车，任何一点的塑性变形相对差不致使路面产生差异沉降，甚至沉陷、断裂等病害。

刚度突变原理如图 3.1 所示，δ_1 为路基土体刚度；δ_2 为结构物刚度；$\Delta\delta = \delta_2 - \delta_1$ 为结构与路基物刚度差值；i_1 为刚度渐变坡度，其中 $i_1 = \dfrac{\Delta\delta}{L_1}$。塑性变形渐

变原理如图 3.2 所示，l_1 为结构物塑性变形；l_2 为路基土体塑性变形；$\Delta l = l_2 - l_1$ 为路基与结构物塑性变形的差值，i_2 为塑性变形渐变坡度，其中 $i_2 = \dfrac{\Delta l}{L_2}$ 。

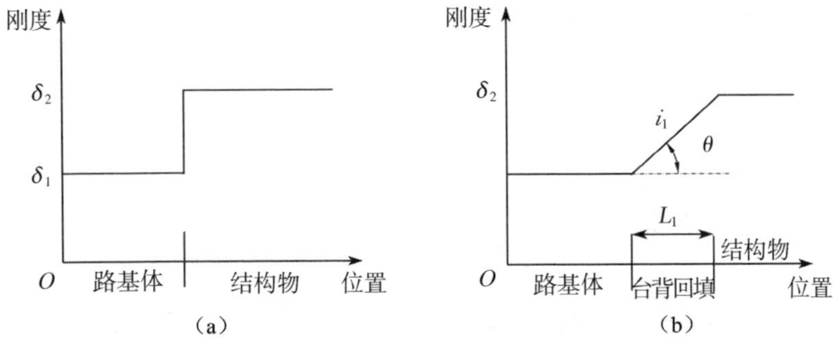

图 3.1　刚度突变原理图

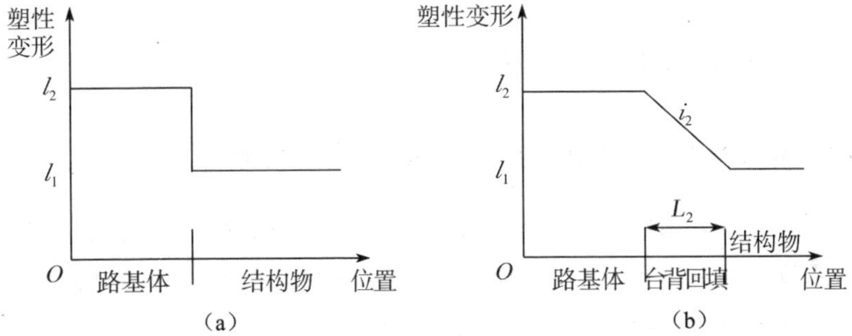

图 3.2　塑性变形渐变原理图

由图 3.1 和图 3.2 可知，结构物刚度在路基体与结构物之间发生了突变，从而使塑性变形发生突变，台背回填部分可以调节刚度的变化，产生 i 的渐变坡度，从而调节塑性变形区域，起到路基体与结构物的变形的缓冲区域作用，路基回填长度的确定与刚度差 $\Delta\delta$ 、刚度坡度 i_1 、塑性变形相对差 Δl 、塑性变形坡度 i_2 等四个参数有关，对于路基回填的质量要求，是保证刚度变化和塑性变形的根本原因。

3.1.5 桥台和路基变形量的定量分析

（1）桥台大多为水泥砼结构和砌石结构，在荷载作用下产生弹性变形，残余变形近乎为零。即桥 $\Delta H_1 \approx 0$。

（2）路基填筑材料主要为天然材料，如黏土、碎石土、风化沙砾等。在荷载作用下产生塑性变形，存在残余变形。另外，路基顶面有水渗透路基体内部，路基底面有毛细水上升到路基体内部；在水分的综合作用下，材料内部颗粒之间发生重新组合，产生纵向位移，使局部密实度减弱，形成不均匀沉降，在荷载作用下加快塑性变形，即路 $\Delta H_1 = h_1$。

这一残余变形 h_1 是随荷载和时间而变化的函数：

$$h_1 = \int_0^{n_1} \int_0^{t_1} kn\,\mathrm{d}n\,\Delta t\,\mathrm{d}t \tag{3.1}$$

式中：k——常数；

n——累积时间；

t——时间；

n_1——固结时间内累积荷载；

t_1——固结时间。

路基和桥台在桥头截面处的变形差值为

$$路\ \Delta H_1 - 桥\ \Delta H_1 = h_1 - 0 = h_1 \tag{3.2}$$

3.1.6 桥梁基础和引道地基沉降量的定量分析

桥梁基础普遍采用钻孔灌注桩，这种桩通常是摩擦桩，主要依靠摩擦力支承基础顶部荷载，其沉降量很小，即使是扩大基础或其他形式的浅基础，靠地基承载力支承，其沉降量也很小，即桥 $\Delta H_2 \approx 0$。

路堤主要依靠地面承载力来支撑，尽管地面已经经过填前碾压处理，但其毕竟为天然基础，沉降较为明显，即路 $\Delta H_2 = h_2$。这一残余变形 h_2 是随荷载和时间而变化的函数：

$$h_2 = \int_0^{n_2} \int_0^{t_2} kn\,\mathrm{d}n\,\Delta t\,\mathrm{d}t \tag{3.3}$$

式中：k——常数；

n——累积时间；

t——时间；

n_2——固结时间内累积荷载；

t_2——固结时间。

在地面标高位置桥台和土地基在桥头截面处沉降变形的差值为

$$路\ \Delta H_2 - 桥\ \Delta H_2 = h_2 - 0 = h_2 \tag{3.4}$$

综上所述，桥台竖向位移和引道竖向位移为

$$H=\sum_{1}^{2} 路\ \Delta H_1-\sum_{1}^{2} 桥\ \Delta H_1=h_1+h_2 \tag{3.5}$$

这些竖向位移的差值 H 是随荷载和时间而变化的函数：

$$H=\int_0^{n_1}\int_0^{t_1} kn\,\mathrm{d}n\,\Delta t\,\mathrm{d}t+\int_0^{n_2}\int_0^{t_2} kn\,\mathrm{d}n\,\Delta t\,\mathrm{d}t \tag{3.6}$$

正是因为这些位移差值 H 的存在，使路桥相接之处同一横断面出现高差，从而引起标高突变，造成行车时车辆跳跃，位移差值 H 是随荷载和时间变化的。

3.1.7 回填土物理力学参数

1. 土样击实实验

根据路基现场压实后的填土现状，取土样进行最大干密度分析，分析结果如表 3.1、图 3.3 所示。

表 3.1　土样击实实验分析

土样	盒号	盒重/g	盒加湿土/g	盒加干土/g	含水率/%	含水率均值/%	击实筒重/g	筒加土/g	湿密度/（kg/m³）	干密度/（kg/m³）
1	1	139.68	287.38	267.78	15.30	15.27	2115.9	4098.00	1.99	1.72
	2	137.49	243.05	229.09	15.24					
2	3	138.53	191.49	183.79	17.01	16.87	2115.9	4132.80	2.02	1.73
	4	139.34	203.33	194.16	16.73					
3	5	136.22	257.09	237.81	18.98	18.94	2115.9	4196.40	2.09	1.75
	6	137.35	255.56	236.76	18.91					
4	7	139.03	311.08	281.19	21.03	21.02	2115.9	4163.70	2.05	1.70
	8	140.43	311.35	281.67	21.01					
5	9	136.14	375.87	330.99	23.03	23.01	2115.9	4084.50	1.97	1.61
	10	139.05	366.22	323.77	22.98					

根据表 3.1、图 3.3 实验数据和结果分析可知，该路基回填土的最大干密度为 1.75 kg/m³，最优含水率为 19%。

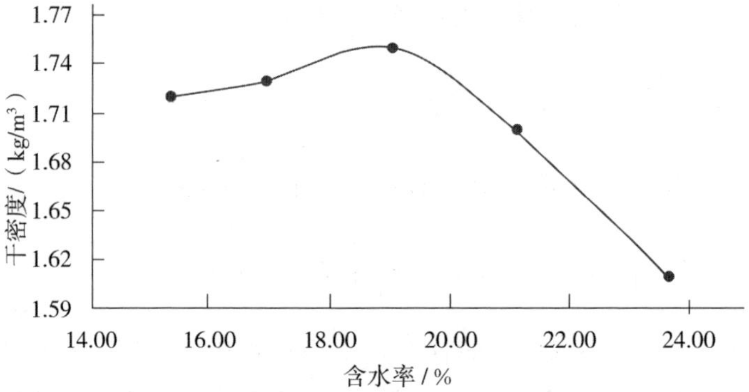

图 3.3　土样击实实验曲线

2. 现场弯沉实验

取该路基回填土就近的 1 km 范围内的路基现场弯沉数据进行分析，分析结果如表 3.2、表 3.3 所示。

表 3.2　K77＋609 X035 分离立交附近路基弯沉值（0.01 mm）

桩号	弯沉值/0.01 mm	桩号	弯沉值/0.01 mm
K77＋629 左幅	63.15	K77＋629 右幅	92.75
K77＋649 左幅	61.7	K77＋649 右幅	149.8
K77＋669 左幅	138.15	K77＋669 右幅	128.1
K77＋689 左幅	78.8	K77＋689 右幅	137.65
K77＋709 左幅	107.85	K77＋709 右幅	182.35
K77＋729 左幅	146.55	K77＋729 右幅	222.55
K77＋749 左幅	238.15	K77＋749 右幅	126.65
K77＋769 左幅	83.95	K77＋769 右幅	77.6
K77＋789 左幅	132.1	K77＋789 右幅	102.85
K77＋809 左幅	128.85	K77＋809 右幅	65.05
K77＋829 左幅	74.75	K77＋829 右幅	148.3

表 3.3　K83＋583 X037 分离立交附近路基弯沉值（0.01mm）

桩号	弯沉值/0.01mm	桩号	弯沉值/0.01mm
K83＋603 左幅	83.75	K83＋603 右幅	87.4
K83＋623 左幅	139.55	K83＋623 右幅	130.65
K83＋643 左幅	126.75	K83＋643 右幅	94.1

（续表）

桩号	弯沉值/0.01mm	桩号	弯沉值/0.01mm
K83+663 左幅	180.95	K83+663 右幅	99.95
K83+683 左幅	87.2	K83+683 右幅	258.5
K83+703 左幅	117.35	K83+703 右幅	244.9
K83+723 左幅	94.3	K83+723 右幅	100.1
K83+743 左幅	134.6	K83+743 右幅	153.65
K83+763 左幅	121	K83+763 右幅	61.15

3.1.8 分层总和法回填土变形理论

主固结沉降 S_c 应采用分层总和法计算，计算参数可采用由压缩实验得到的 $eM-Cp$ 曲线、压缩模量 E_s 或 $eM-\mathrm{Clg}p$ 曲线。

采用 $eM-Cp$ 曲线计算时，主固结沉降 S_c 可按式（3.7）计算。

$$S_c=\sum_{i=1}^{n}\frac{e_{0i}-e_{1i}}{1+e_{0i}}\Delta h_i \tag{3.7}$$

式中：n ——压缩土层内土层分层的数目；

e_{0i} ——地基中各分层在自重应力作用下的稳定孔隙比；

e_{1i} ——地基中各分层在自重应力和附和应力共同作用下的稳定孔隙比；

Δh_i ——地基中各分层的初始厚度（m）。

采用压缩模量 E_s 计算时，主固结沉降 S_c 可按式（3.8）计算。

$$S_c=\sum_{i=1}^{n}\frac{\Delta p_i}{E_{si}}\Delta h_i \tag{3.8}$$

式中：E_{si} ——地基中各分层的压缩模量（kPa）；

Δp_i ——地基中各分层中点的附加应力（kPa）。

采用 $eM-\mathrm{Clg}p$ 曲线计算时，主固结沉降 S_c 可分为正常固结土、欠固结土和超固结土三种情况，下面分别计算。

（1）正常固结土、欠固结土的主固结沉降 S_c 可按式（3.9）计算。

$$S_c=\sum_{i=1}^{n}\frac{\Delta h_i}{1+e_{0i}}C_{ci}\lg\left(\frac{p_{oi}+\Delta p_i}{p_{ci}}\right) \tag{3.9}$$

式中：p_{0i} ——地基中各分层中点的自重应力（kPa）；

p_{ci} ——地基中各分层中点的先期固结压力（kPa）；

C_{ci} ——土层的压缩指数。

（2）超固结土的主固结沉降 S_c 可按式（3.10）、式（3.11）计算。

当 $\Delta p \geqslant p_c - p_0$ 时：

$$S_c = \sum_{i=1}^{n} \frac{\Delta h_i}{1+e_{0i}} \left[C_{ci} \lg\left(\frac{p_{ci}}{p_{0i}}\right) + C_{ci} \lg\left(\frac{p_{0i}+\Delta p_i}{p_{ci}}\right) \right] \tag{3.10}$$

当 $\Delta p < p_c - p_0$ 时：

$$S_c = \sum_{i=1}^{n} \frac{\Delta h_i}{1+e_{0i}} C_{si} \lg\left(\frac{p_{0i}+\Delta p_i}{p_{0i}}\right) \tag{3.11}$$

式中：C_{si} ——土层的回弹指数。

最终沉降 S_∞ 宜按式（3.12）计算。

$$S_\infty = m_s S_c \tag{3.12}$$

式中：m_s ——沉降系数。

沉降系数可根据现场沉降观测资料确定，也可采用经验公式（3.13）估算。

$$m_s = 0.123\gamma^{0.7}(\theta H^{0.2} + VH) \tag{3.13}$$

式中：H ——路堤中心高度（m）；

γ ——路堤填料的重度（kN/m³）；

θ ——地基处理类型系数，用塑料排水处理时取 0.95～1.1，用水泥搅拌桩处理时取 0.85，预压时取 0.90；

V ——加载速率修正系数，加载速率为 20～70 mm/d 时取 0.025，采取分期加载，速率小于 20 mm/d 时取 0.005，采用快速加载，速率大于 70 mm/d 时取 0.05；

当同时满足软土层不排水抗剪强度小于 25 kPa、软土层的厚度大于 5 m、硬壳层厚度小于 2.5 m 三个条件时，地质因素修正系数 $Y=0$，其他情况下 $Y=-0.1$ 。

最终沉降 S_∞ 也可由瞬时沉降 S_d 、主固结沉降 S_c 及次固结沉降 S_s 三者之和得出，按式（3.14）计算

$$S_\infty = S_d + S_c + S_s \tag{3.14}$$

瞬时沉降 S_d 可按式（3.15）和式（3.16）计算。

$$S_d = F\frac{pB}{E} \tag{3.15}$$

$$B = b + \frac{a}{2} \tag{3.16}$$

式中：p ——路堤底面中心的最大垂直应力（kPa）；

E ——由无侧限抗压强度试验得到的弹性模量的平均值（kPa），应按分层厚度加权平均计算；

F ——路堤中线沉降系数。

次固结沉降 S_s 可按式（3.17）计算。

$$S_s = \sum_{i=1}^{n} \frac{I_{ai}}{1+e_{ci}} \lg\left(\frac{t_A}{t_{ci}}\right) h_i \tag{3.17}$$

式中：h_i ——各土层的厚度（m）；

t_{ci} ——主固结完成所需的时间（d）；

e_{ci} ——主固结完成时的孔隙比；

t_A ——计算次固结变形所要求的总时间（d）；

I_{ai} ——次固结系数，可由土层取样进行室内高压固结实验得到 $eM - C\lg t$ 曲线确定。

任一时刻地基的沉降 S_t，应考虑主固结随时间的变化过程，可按式（3.18）计算。

$$S_t = S_d + S_c U + S_s \tag{3.18}$$

式中：U ——地基平均固结度，可采用太沙基一维固结理论解计算；对于沙井、塑料排水板等竖向排水体处理的地基，固结度可按太沙基—伦杜立克理论轴对称条件固结方程在等应变条件下的解答来计算。

工后沉降 S_p 应按式（3.19）计算。

$$S_p = S_0 + S_{cp} \tag{3.19}$$

式中：S_0——路面设计使用年限内地基发生的总沉降（m）；

S_{cp} ——路基路面施工（预压）期沉降（m）。

当工后沉降的值不满足表 3.4 的要求时，应针对沉降进行处理设计。

表 3.4　一般路段路基容许工后沉降标准

公路等级	工程位置		
	桥台与路堤相邻处	涵洞、箱涵、通道处	一般路段
高速公路、一级公路	≤0.10	≤0.20	≤0.30
二级公路（作为干线公路时）	≤0.20	≤0.30	≤0.50

注：二级非干线及二级以下公路的工后沉降控制标准经论证后可较二级干线公路适当放宽限制。

3.1.9 回填土变形理论分析

1. 回填土变形机理

回填土出现沉降的机理是路基以及路堤出现变形，其中路基变形主要是由于路基出现被破坏的情况，通常是在沟壑区域形成，最主要的是由于该区域的土壤较松软，存在低密度土壤，整体承载力并不理想。随着道路使用时间的增加，该区域路基受损而出现沉降现象。

同时，如果在施工过程中没有选择正确的路基施工材料，造成其密度不符合要求，也会对后续压实工作的质量产生影响，导致压路机无法全面将土壤压实，整体土壤就会存在松软的情况，其负荷能力不理想。在后续使用过程中，重型车辆频繁通过时就会导致路基质量下降，从而出现变形和下沉的情况。路堤变形主要是由于在传统施工过程中，施工人员使用的是普通黏性土作为回填土，该材料对施工现场的环境要求较高，施工现场的各项要素都会影响施工结果，如地形、温度、湿度等。如果没有做好环境控制工作，就无法达到施工标准，在后续应用过程中也容易受到外界因素影响，导致路堤出现变形，加大沉降现象出现的概率，影响工程应用效能。

2. 台背回填土沉降理论算例

假设桥涵台背回填土填筑高度为 6.0m，虚土填筑为 30.0 cm/层，压实后为 20.0 cm/层，压实度控制为大于 97.0%。对于回填土地基主固结沉降采用分层总和法计算，因台背为高路堤，忽略行车荷载对沉降的影响。其中，总沉降 S 采用沉降系数 m_s 与主固结沉降按下式计算：

$$S=m_sS_c \tag{3.20}$$

式中：m_s——沉降系数，与地基条件、荷载强度、加荷速率等因素有关。m_s 的范围值为 1.1～1.7，应根据现场沉降监测资料确定，也可按式（3.13）估算。

台背路基填土对桥台基底的附加竖向压应力 p 按式（3.21）计算。

$$p_1 = \alpha_1 \gamma_1 H_1 \tag{3.21}$$

埋置式桥台由于台前椎体对桥台基底地基前边缘作用的附加压应力 p_2 按式（3.22）计算。

$$p_2 = \alpha_2 \gamma_2 H_2 \tag{3.22}$$

在桥台基底地基前边缘的总应力 p_1 和 p_2 为其他荷载引起的地基应力之和，如图 3.4 所示。

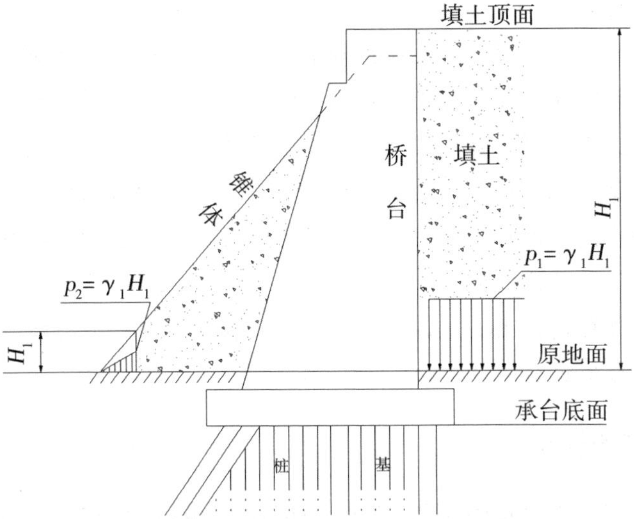

图 3.4 路基填土对桥台基底的附加压应力

式中：α_1、α_2、—附加竖向压应力系数；

γ_1——路基填土的重力密度（kN/m^3）；

γ_2——路基填土的重力密度（kN/m^3）；

H_1——路基填土的高度（m）；

H_2——基底平面处前边缘上的锥体高度（m），取基底前边缘处的原地面向上竖向引线与溜坡相交点距离（m）；

p_1——台背路基填土产生的原地面处的土压应力（kPa）；

p_2——台背锥体产生的基底平面处前边缘原地面处的土压应力（kPa）。

3.2 路基分层填筑变形特征数值仿真计算

随着计算机的飞速发展和大型有限元软件的开发利用，有限元法已逐渐成为一种新兴的结构变形计算方法，广泛应用于岩土领域。有限元法的原理是将不易计算的无限连续体简化为容易求解的有限个自由度的单元离散体。离散过程的最小单位是单元，它可被分为任意形状和大小，也就是说可以适应多种形状及非常复杂的边界条件。

同时，有限元法还能较好地模拟基坑的动态开挖过程。在对岩土领域的基坑开挖模拟时，有限元法能考虑到多种不同的影响因素，包括不同的本构模型、进行土层参数、支护形式、开挖工况、边界条件等。目前被广泛应用于岩土领域的有限元软件有 MIDAS/GTS、ABAQUS、ANSYS 及 ADINA 等。综上所述，经典法计算简单快捷，但是结果偏差较大且不能考虑到基坑动态的开挖过程；弹性地基梁法可以计算结构的内力和位移，是基坑工程内力计算时广泛采用的方法；有限元法凭借计算机强大的运算能力和有限元软件仿真的模拟能力，已成为基坑工程中常用的变形计算方法。

3.2.1 本构模型

MIDAS/GTS 中修正的摩尔–库伦（Mohr–Coulomb，M–C）本构模型是在 M–C本构模型基础上改善的本构模型，适用于各种类型的地基，特别适用于像沙土或混凝土那样具有摩擦特性的材料。它的剪切屈服面与 M–C 本构模型的屈服面相同，压缩屈服面为椭圆形的帽子本构。另外，修正 M–C 本构模型的偏平面采用了圆角处理，消除了 M–C 本构模型偏平面六边形计算顶点塑应变方向时的不稳定因素，使其计算收敛性更好。并且 $p-q$ 平面在偏平面上采用了非关联流动法则，如图 3.5、图 3.6 所示。

修正 M–C 本构模型可采用式（3.23）所示方程表示。

$$f_1=\frac{q}{R_1(\theta)}-\frac{6\sin\varphi}{3-\sin\varphi}(p+\Delta p)=0 \tag{3.23}$$

$$f_2=(p+\Delta p)^2+\alpha\left(\frac{q}{R_2(\theta)}\right)^2-p_c^2=0 \tag{3.24}$$

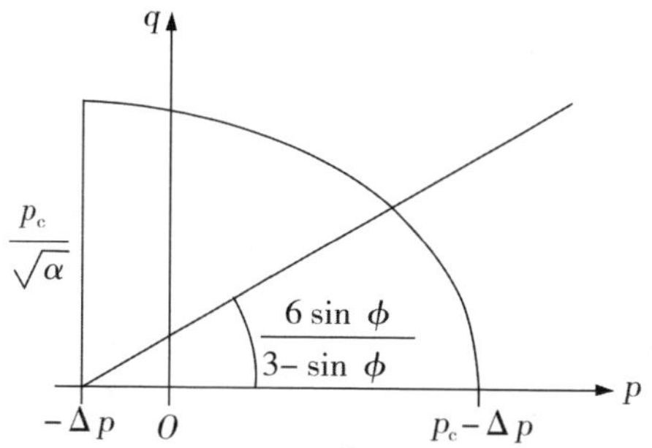

图 3.5　$p-q$ 平面的屈服准则示意图

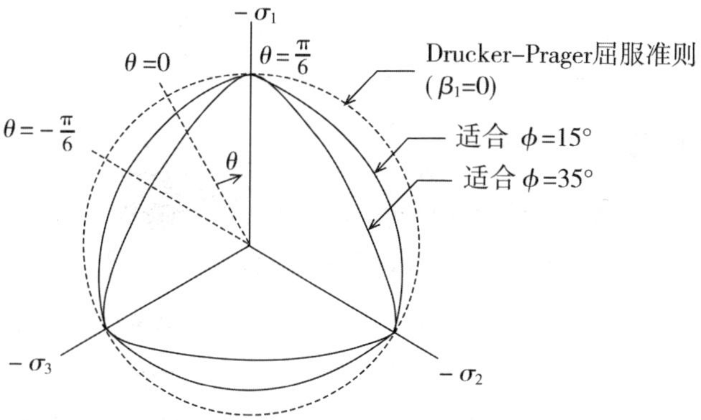

图 3.6　$p\pi$ 屈服函数形状

式中：f_1——剪切屈服函数；

f_2——压缩屈服函数；

$R_1(\theta)=\left(\frac{1-\beta_1\sin3\theta}{1-\beta_1}\right)^n$——三轴受压强度差异；

$R_2(\theta)=\left(\frac{1-\beta_2\sin3\theta}{1-\beta_2}\right)^n$——三轴受拉强度差异。

MIDAS GTS NX 软件里修正的摩尔-库伦本构模型中共有 11 个参数，其中，有效黏聚力、内摩擦角以及土体的孔隙率等可以通过土工实验获得，其余参数在不具备做实验的条件下，也可以按照经验取值，参数取值如表 3.5 所示。

表 3.5　修正的摩尔-库伦本构模型参数取值

参数		取值
c	有效黏聚力	参考土工实验
φ	内摩擦角	参考土工实验
ψ	最终膨胀角	$\psi=\varphi-30^\circ(\varphi\geqslant30^\circ)$，$\psi=0(\varphi<30^\circ)$

续表

参数		取值
n	孔隙率	参考土工实验
R_{50}^{nf}	三轴实验割线刚度	一般取 $R_{50}^{nf}=1.2E$
E_{oed}^{ref}	主压密加载实验的切线刚度	一般取 $E_{oed}^{ref}=0.9E$
E_{ur}^{ref}	卸载弹性模量	一般取 $E_{ur}^{ref}=7E$
m	应力相关幂函数	软土取 1，硬土取 0.5
R^f	失效率	取工程经验值 0.9
P^{ref}	参考压力	取工程经验值 98.6 kPa
K_0^{nc}	正常固结下的侧土压力系数	沙土：$1-\sin\varphi$，黏土：0.86

3.2.2 模型概述

对路基回填土工程建立三维有限元模型进行整体分析，结合整体计算模型，分析路基回填土在多种工况下的变形规律及特征。

通过 MIDAS GTS NX 软件建立三维有限元模型，模型实际平面尺寸：X 方向为 101 m，Y 方向为 55 m，Z 方向为 30 m。桥台混凝土结构宽度取 5 m，路基填筑坡度为 1∶1.5，模型地层由下层原始地层、上部回填土及顶部路面层组成，这里不考虑地下水的影响。路基几何模型如图 3.7 所示。

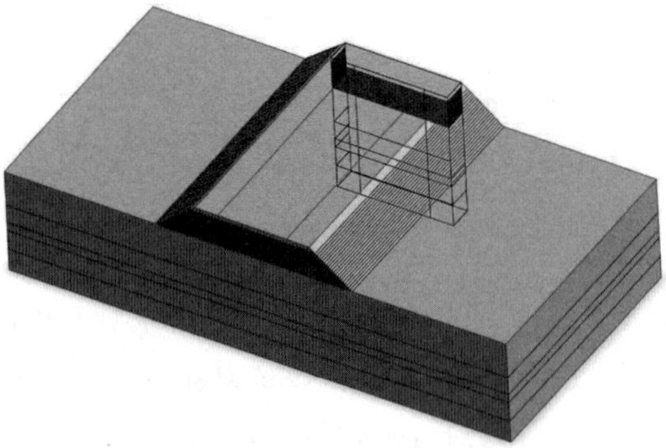

图 3.7　路基几何模型

3.2.3 物理力学参数

本次模拟岩土体采用 3D 实体单元，由上往下依次为素填土、粉土、粉质黏土、粉土。岩土体本构模型选用修正的摩尔-库伦模型，具体参数如表 3.6 所示。

表 3.6 岩土体计算参数

地层	重度 γ / (kN/m³)	黏聚力 c / kPa	内摩擦角 φ / (°)	泊松比 v	弹性模量 E / MPa	土层厚度 /m
1—2 素填土	18.4	39.5	14.7	0.38	61.2	6
2—3 粉土	20.0	30.0	36	0.32	38.2	6
3—3 粉土	18.38	39.5	14.7	0.35	21.1	4
3—1 粉质黏土	18.6	37.1	13.1	0.34	18.6	1.9
4—3 粉土	18.01	34.3	15.6	0.35	18.2	4.3

对于混凝土和路面结构采用弹性模型，路基回填土采用摩尔-库伦模型，具体参数如表 3.7 所示。

表 3.7 路基及路面结构计算参数

材料	重度 γ / (kN/m³)	弹性模量 E / MPa	泊松比 v	黏聚力 c / kPa	内摩擦角 φ / (°)
路基回填土	17	12.6	0.38	39.5	14.7
混凝土	25	28000	0.2	—	—
路面结构	22	12000	0.25	—	—

3.2.4 边界条件

对建立好的几何模型划分网格组，在模型网格组的前后侧设置 Y 的约束边界，在模型网格组的左右侧设置 X 的约束边界，防止模型四边发生沿 X、Y 水平位移；在模型的底部表面上设置 Z 向的约束边界，防止模型底部发生沿 Z 方向的竖向位移。当模型的周边约束边界设置完成后，给模型网格组添加自重荷载，自重荷载系数为−1。

3.2.5 网格划分

几何模型采用六面体一格化模式进行网格划分，其中，角度标准为 15°，长度比率标准为 0.7，具体网格结果如表 3.8 所示。

表 3.8 网格结果

序号	项目	数量
1	节点	29 888
2	单元	38 247
3	自由度	89 664
4	方程式	82 498

模型网格组的边界如图 3.8 所示，对网格组进行边界约束是为了确保分析结果的准确性和可靠性。

图 3.8　模型网格组的边界图

3.2.6 模拟工况

根据计算要求，对各施工阶段进行模拟，并制定模拟工况，路基回填土总填筑高度为 6 m，采用分层填筑，各分层厚度为 0.3 m。模拟工况如表 3.9 所示。

表 3.9　模拟工况

<table>
<tr><th>模拟工况</th><th>工况介绍</th><th>计算结果</th></tr>
<tr><td>工况 1</td><td>初始地应力清零</td><td>—</td></tr>
<tr><td>工况 2</td><td>路基填筑第一层</td><td rowspan="4">总体受力和 S－XX、S－YY、S－ZZ 方向受力；总体位移力和 TX、TY、TZ 方向位移</td></tr>
<tr><td>工况 3</td><td>路基填筑第二层</td></tr>
<tr><td>工况 4～工况 20</td><td>路基填筑第三层～第十九层</td></tr>
<tr><td>工况 21</td><td>路基填筑第二十层</td></tr>
</table>

3.2.7 结果分析

1. 初始地应力平衡

根据工况 1 的计算结果，提取初始地应力清零总位移图，*TX*（*X* 轴方向）、*TY*（*Y* 轴方向）、*TZ*（*Z* 轴方向）方向位移图，同时提取初始地应力清零总受力图。结果如图 3.9～图 3.13 所示。

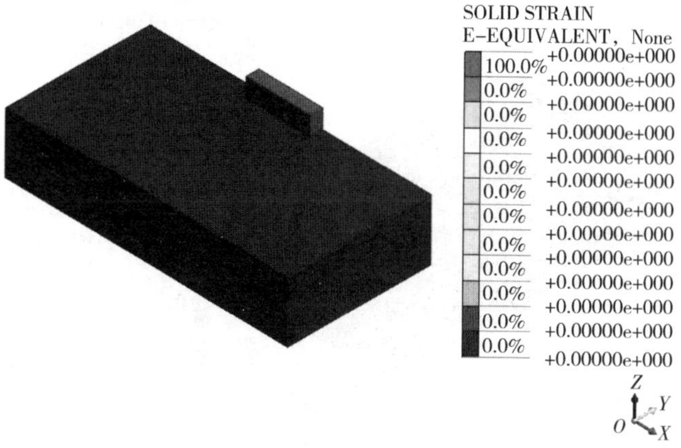

图 3.9　初始地应力清零总受力图

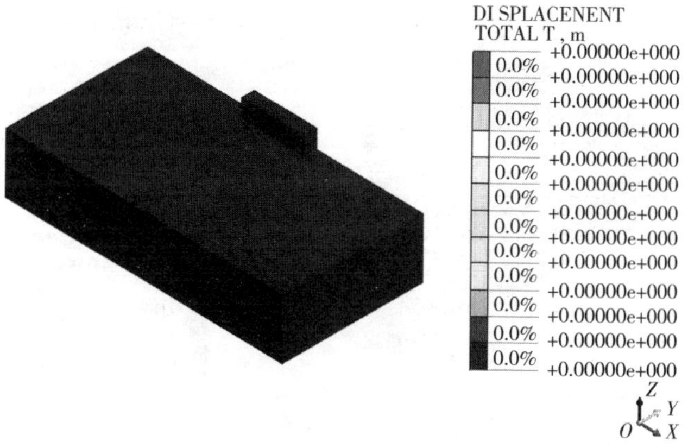

图 3.10　初始地应力清零总位移图

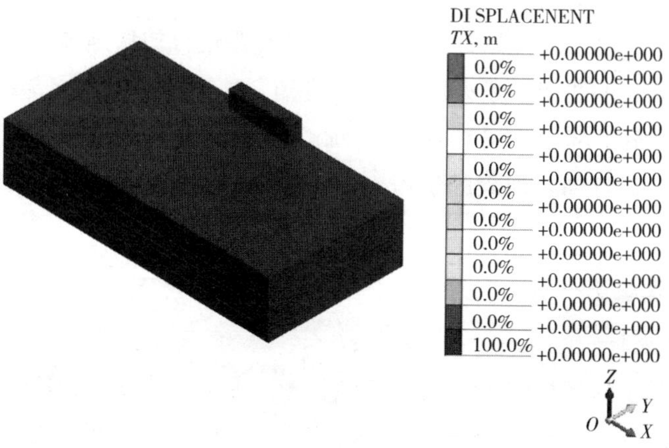

图 3.11　初始地应力清零 TX 方向位移图

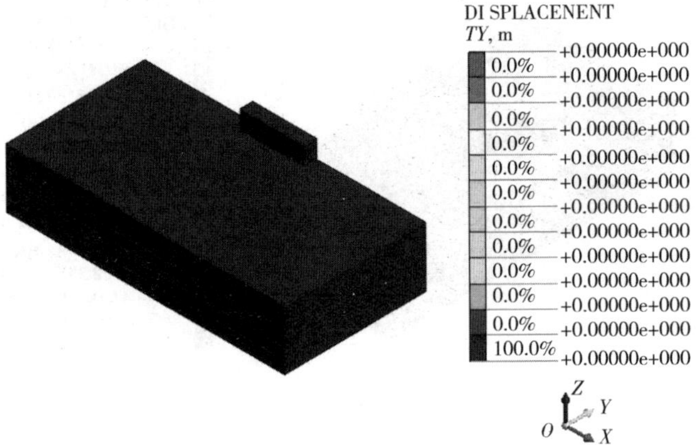

图 3.12　初始地应力清零 TY 方向位移图

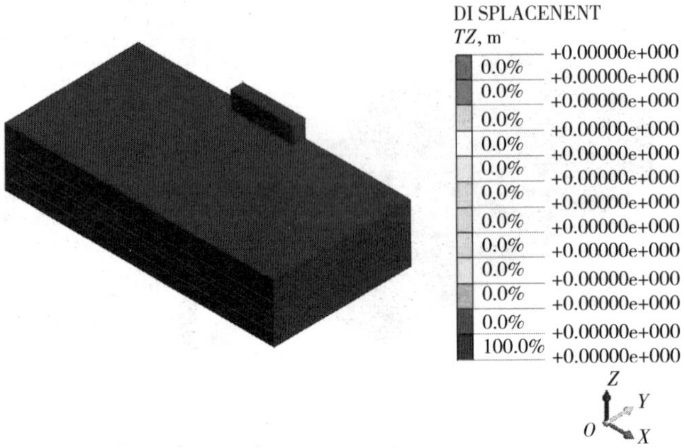

图 3.13　初始地应力清零 TZ 方向位移图

本数值计算模型在开始计算第一步时，需要进行初始地应力平衡，即消除自重应力作用下产生的变形量。由图 3. 9 可知，地表的素填土 $Z=0$ 时，自重应力为零。当地层最下部粉土层 $Z=30$ m 时，自重应力已消除历史应力影响。由图 3. 10～图 3. 13 可知，地表的素填土 $Z=0$ 和地层最下部粉土层 $Z=10$ m 时，变形量均为零。

2. 路基填筑第一层

1）工况分析

根据工况 2 的计算结果，当路基填筑第一层时，填筑层厚度为0. 3 m。提取路基填筑第一层 $S-XX$、$S-YY$、$S-ZZ$ 受力图，同时提取路基填筑第一层总位移图，TX、TY、TZ 的方向位移图，结果如图 3.14～图 3.20 所示。

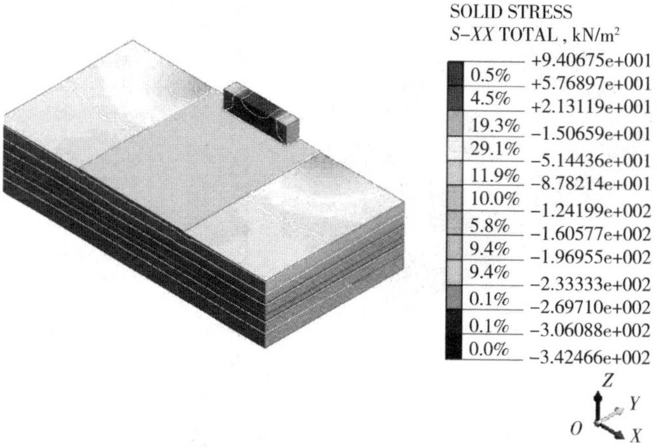

图 3.14　路基填筑第一层 $S-XX$ 方向受力图

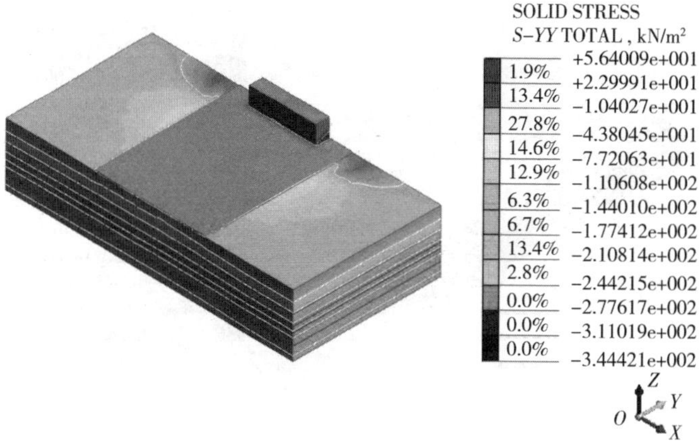

图 3.15　路基填筑第一层 $S-YY$ 方向受力图

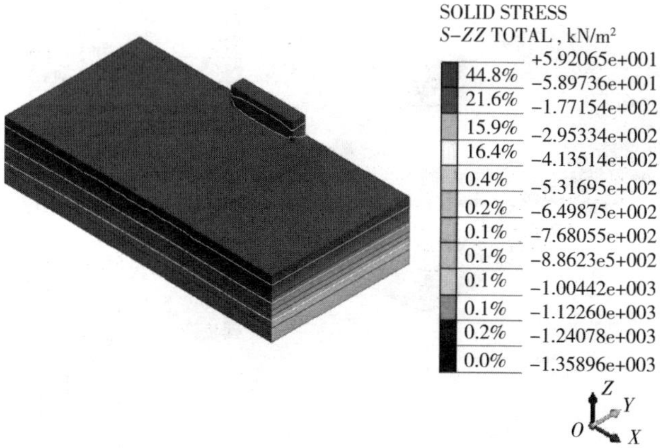

图 3.16　路基填筑第一层 $S-ZZ$ 方向受力图

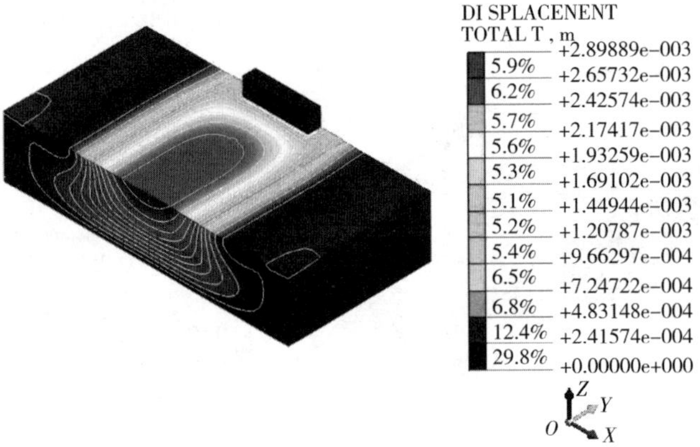

图 3.17　路基填筑第一层总位移图

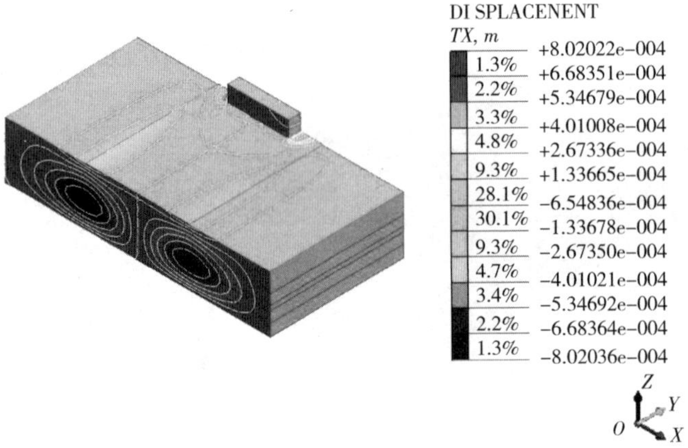

图 3.18　路基填筑第一层 TX 方向位移图

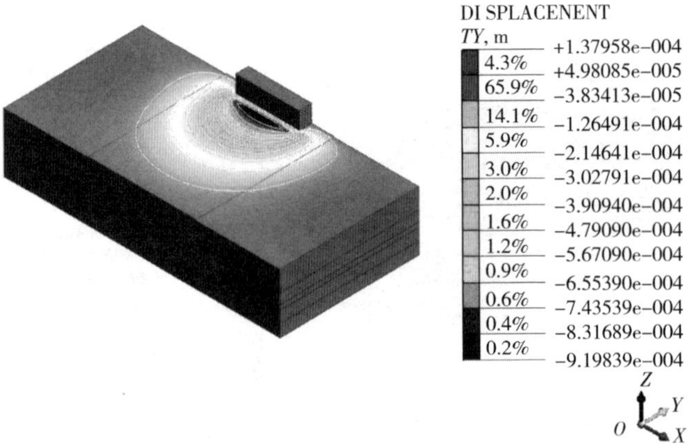

图 3.19　路基填筑第一层 TY 方向位移图

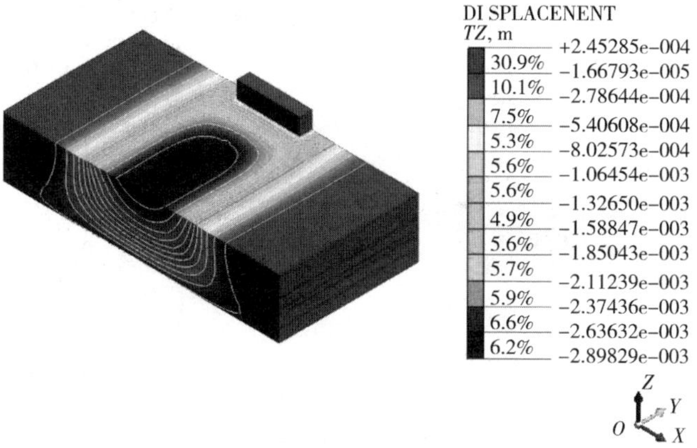

图 3.20　路基填筑第一层 *TZ* 方向位移图

根据数值计算结果，提取路基填筑第一层的受力和变形云图。重点分析路基底部的中心位置和坡脚位置。

分析图 3.14～图 3.16 可知，为路基分层填筑高度为 0.3 m 时，路基底部的中心位置 *S—XX* 方向应力为 4.76 kN/m^2，*S—YY* 方向水平应力为 7.73 kN/m^2，*S—ZZ* 方向垂直应力为 7.65 kN/m^2；路基底部坡脚位置*S—XX* 方向水平应力为 9.25 kN/m^2，*S—YY* 方向水平应力为 13.4 kN/m^2，*S—ZZ* 方向垂直应力为 13.1 kN/m^2。

分析图 3.17～图 3.20 可知，当路基分层填筑高度为 0.3 m 时，路基底部中心位置总位移为 2.84 mm，*TZ* 方向垂直位移为 2.84 mm；路基底部坡脚位置总位移为 1.28 mm，*TX* 方向水平位移为 0.214 mm，*TZ* 方向垂直位移为 1.26 mm。

2）不均匀沉降计算结果

分析图 3.21、图 3.22 可知，路基分层填筑高度为 0.3 m 时，提取路基底部以线为研究对象。路基水平位移最大值发生在路基坡脚处，最大值达 0.209 mm。路基底部中心最大沉降量为 2.84 mm，路基底部坡脚最大沉降量为 1.26 mm。由此可知，路基底部坡脚与路基底部中心产生不均匀沉降，且该差异沉降量为 1.58 mm。

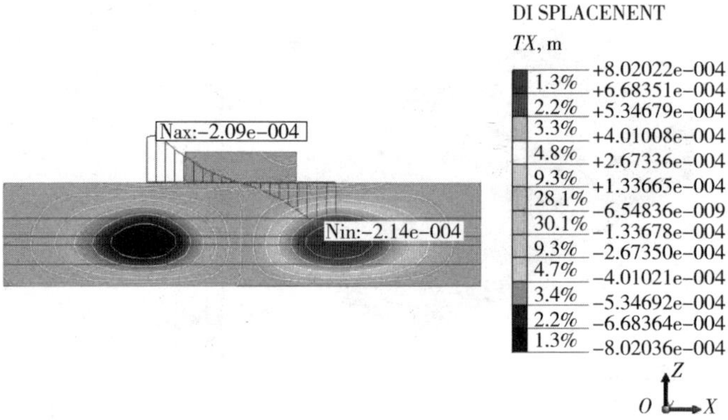

图 3.21 路基填筑第一层路基底部 TX 方向变化曲线图

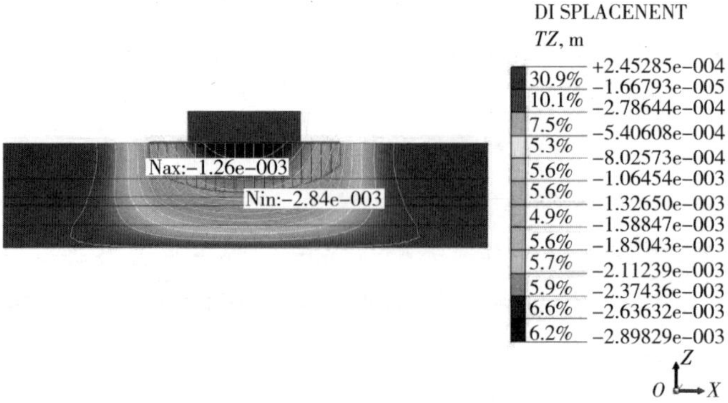

图 3.22 路基填筑第一层路基底部 TZ 方向变化曲线图

3. 路基填筑第三层

1）工况分析

根据工况 4 计算结果，当路基填筑第三层时，填筑层厚度为0.9 m。提取路基填筑第三层的 $S-XX$、$S-YY$、$S-ZZ$ 受力图，同时提取路基填筑第三层总位移图，TX、TY、TZ 方向位移图，结果如图 3.23～图 3.29 所示。

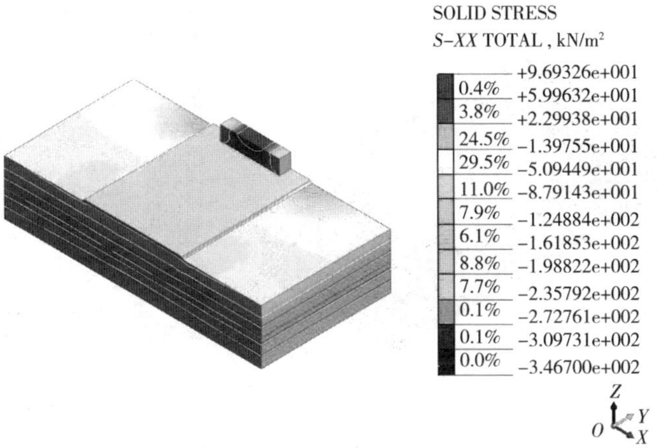

图 3.23 路基填筑第三层 $S-XX$ 方向受力图

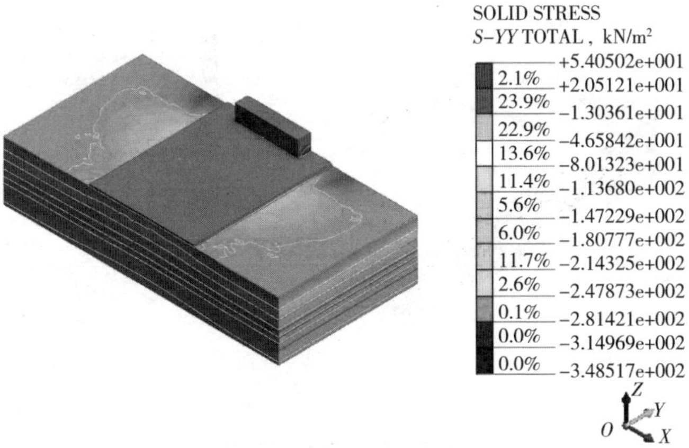

图 3.24 路基填筑第三层 $S-YY$ 方向受力图

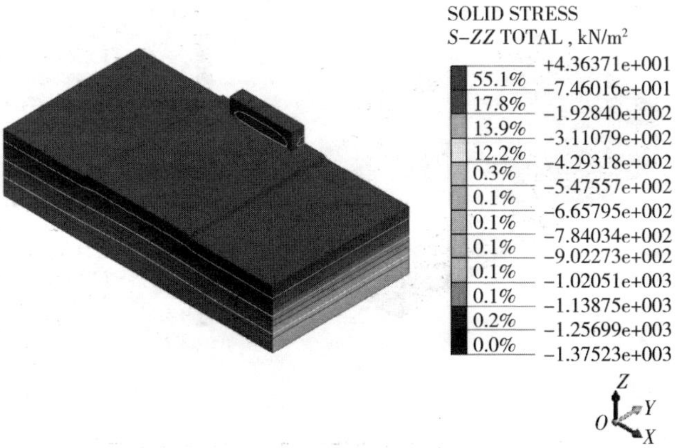

图 3.25 路基填筑第三层 $S-ZZ$ 方向受力图

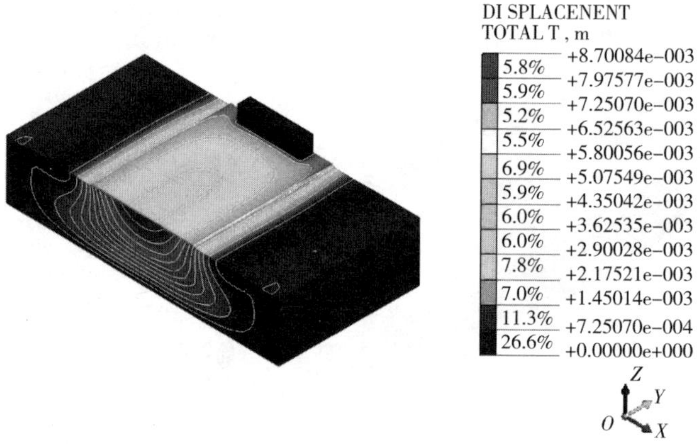

图 3.26　路基填筑第三层总位移图

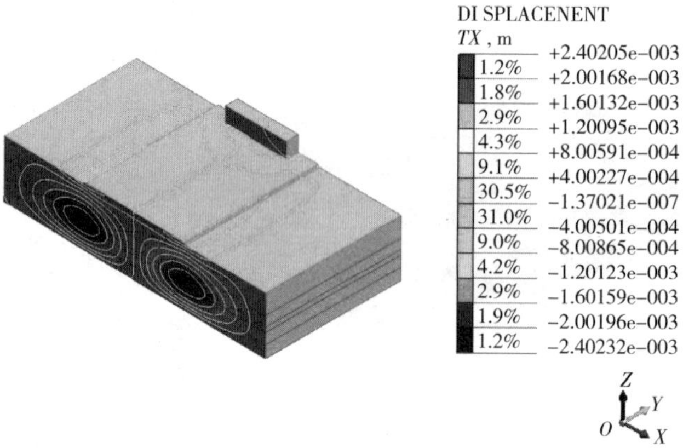

图 3.27　路基填筑第三层 TX 方向位移图

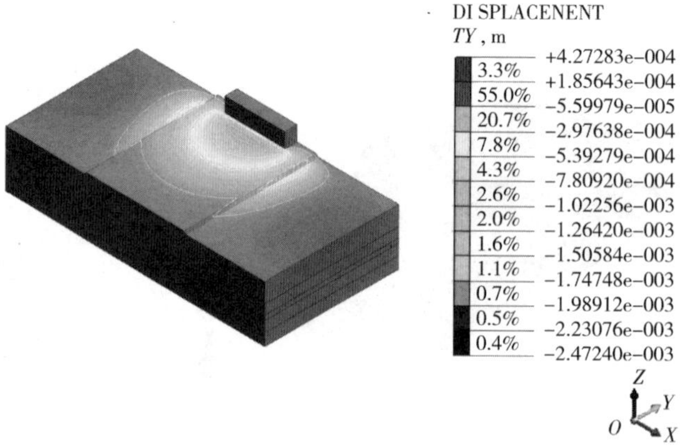

图 3.28　路基填筑第三层 TY 方向位移图

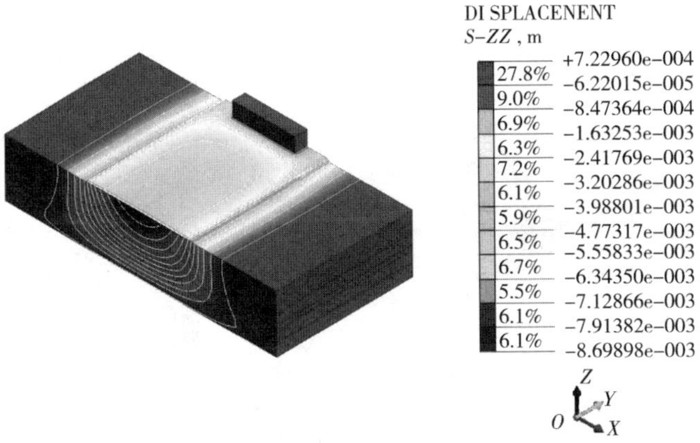

图 3.29 路基填筑第三层 *TZ* 方向位移图

根据数值计算结果提取路基填筑第三层的受力和变形云图，重点分析路基底部中心位置、路基底部坡脚位置。

分析图 3.23～图 3.25 可知，当路基分层填筑高度为 0.9 m 时，路基底部中心位置 *S*－*XX* 方向水平应力为 13.7 kN/m^2，*S*－*YY* 方向水平应力为 19.7 kN/m^2，*S*－*ZZ* 方向垂直应力为 14.3 kN/m^2；路基底部坡脚位置 *S*－*XX* 方向水平应力为 9.76 kN/m^2，*S*－*YY* 方向水平应力为13.1 kN/m^2，*S*－*ZZ* 方向垂直应力为 21.0 kN/m^2。

分析图 3.26～图 3.29 可知，当路基分层填筑高度为 0.9 m 时，路基底部中心位置总位移为 8.50 mm，*TZ* 方向垂直位移为 8.50 mm；路基底部坡脚位置总位移为 3.662 mm，*TX* 方向水平位移为 0.544 mm，*TZ* 方向垂直位移为 3.58 mm。

2）不均匀沉降计算结果

分析图 3.30、图 3.31 可知，路基分层填筑高度为 0.9 m 时，提取路基底部曲线为研究对象。路基水平位移最大值发生在路基坡脚处，最大值达 0.552 mm。路基底部中心最大沉降量为 8.50 mm，路基底部坡脚最大沉降量为 3.58 mm。由此可知，路基底部坡脚与路基底部中心产生不均匀沉降，且该差异沉降量为 4.92 mm。

4. 路基填筑第五层

1）工况分析

根据工况 6 计算结果，当路基填筑第五层时，填筑层厚度为1.5 m。提取路基填筑第五层 *S*－*XX*、*S*－*YY*、*S*－*ZZ* 受力图，同时提取路基填筑第五层总位移图，*TX*、*TY*、*TZ* 方向位移图，结果如图 3.32～图 3.38 所示。

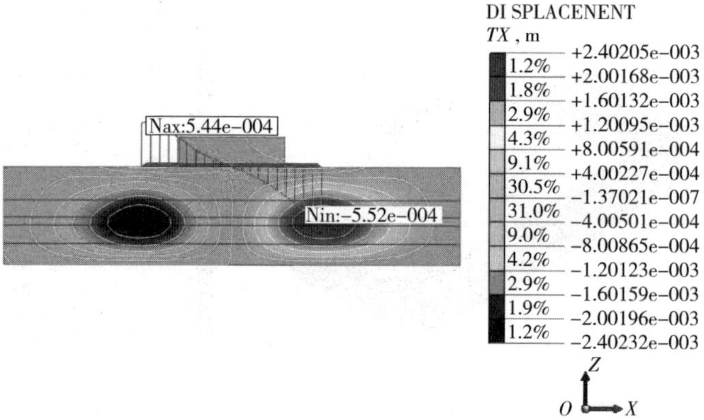

图 3.30　路基填筑第三层路基底部 TX 方向变化曲线图

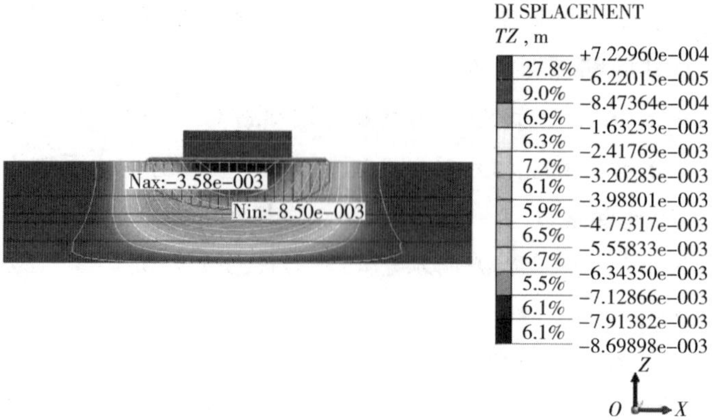

图 3.31　路基填筑第三层路基底部 TZ 方向变化曲线图

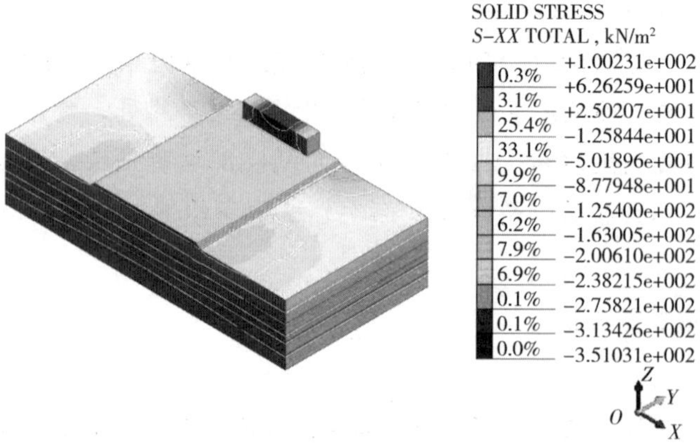

图 3.32　路基填筑第五层 $S-XX$ 方向受力图

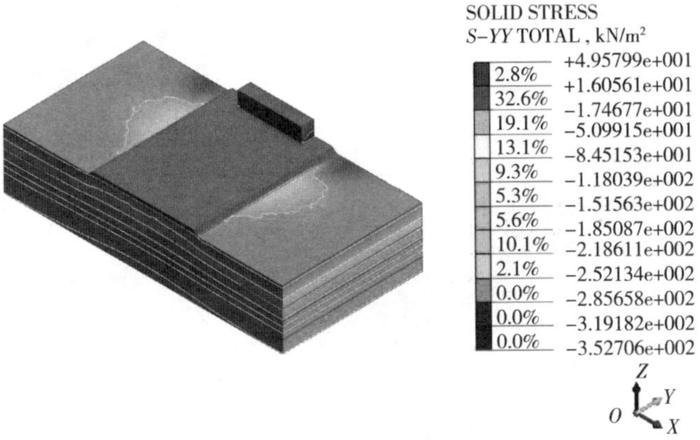

图 3.33　路基填筑第五层 $S-YY$ 方向受力图

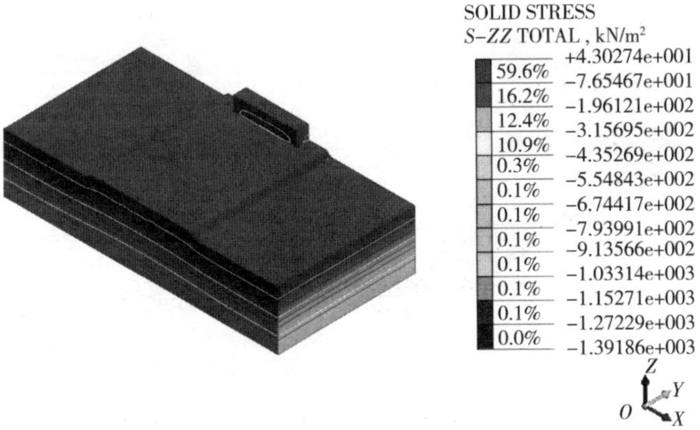

图 3.34　路基填筑第五层 $S-ZZ$ 方向受力图

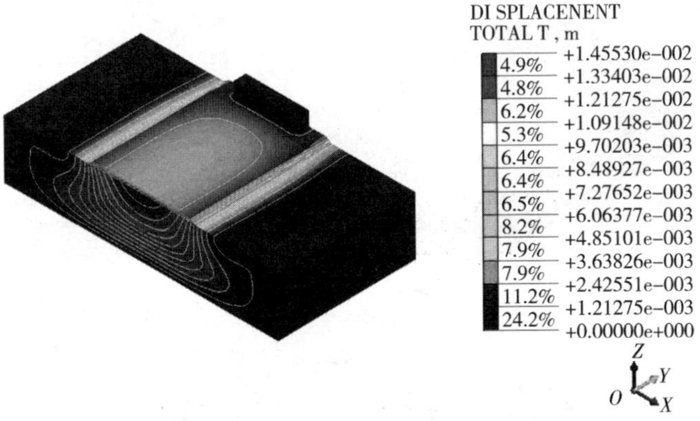

图 3.35　路基填筑第五层总位移图

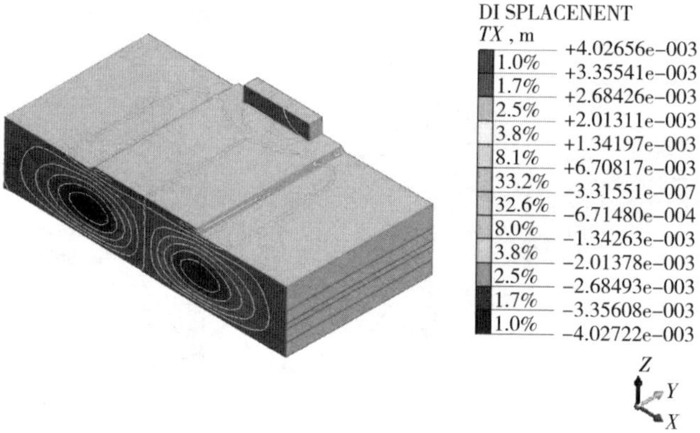

图 3.36　路基填筑第五层 *TX* 方向位移图

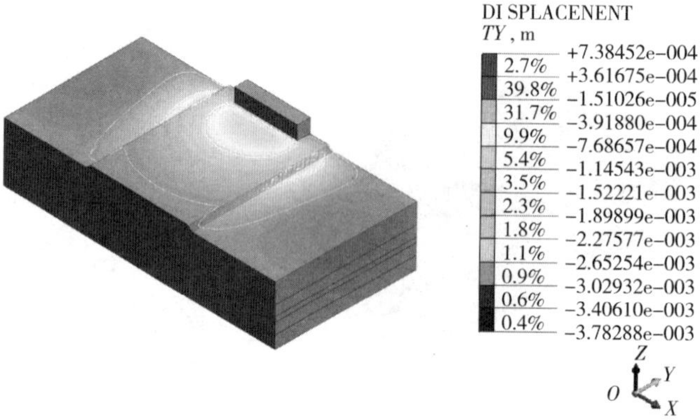

图 3.37　路基填筑第五层 *TY* 方向位移图

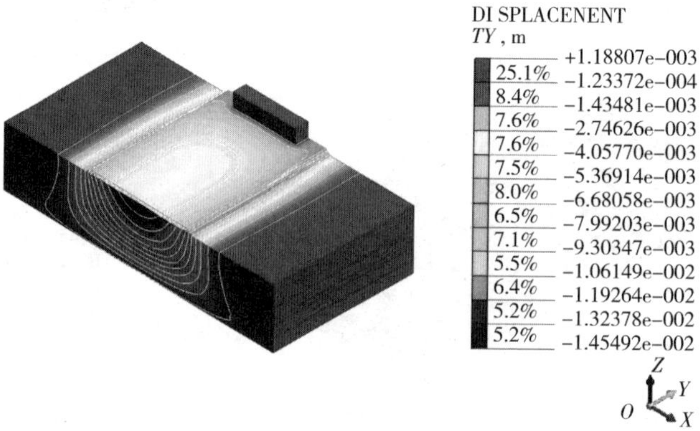

图 3.38　路基填筑第五层 *TZ* 方向位移图

根据数值计算结果，提取路基填筑第五层的受力和变形云图。重点分析路基底部中心位置、路基底部坡脚位置。

分析图 3.32～图 3.34 可知，当路基分层填筑高度为 1.5 m 时，路基底部中心位置 $S-XX$ 方向水平应力为 20.2 kN/m²，$S-YY$ 方向水平应力为 25.8 kN/m²，$S-ZZ$ 方向垂直应力为 31.1 kN/m²；路基底部坡脚位置 $S-XX$ 方向水平应力为 11.0 kN/m²，$S-YY$ 方向水平应力为15.4 kN/m²，$S-ZZ$ 方向垂直应力为 15.9 kN/m²。

分析图 3.35～图 3.38 可知，路基分层填筑高度为 1.5 m 时，路基底部中心位置总位移为 14.2 mm，TZ 方向垂直位移为 14.2 mm；路基底部坡脚位置总位移为 5.71 mm，TX 方向水平位移为 0.767 mm，TZ 方向垂直位移为 5.66 mm。

2）不均匀沉降计算结果

分析图 3.39、图 3.40 可知，当路基分层填筑高度为 1.5 m 时，提取路基底部曲线为研究对象。路基水平位移最大值开始由路基坡脚向内部转移，最大值达到 0.767 mm。路基底部中心最大沉降量为 14.2 mm，路基底部坡脚最大沉降量为 5.66 mm。由此可知，路基底部坡脚与路基底部中心产生不均匀沉降，且该差异沉降量为 8.54 mm。

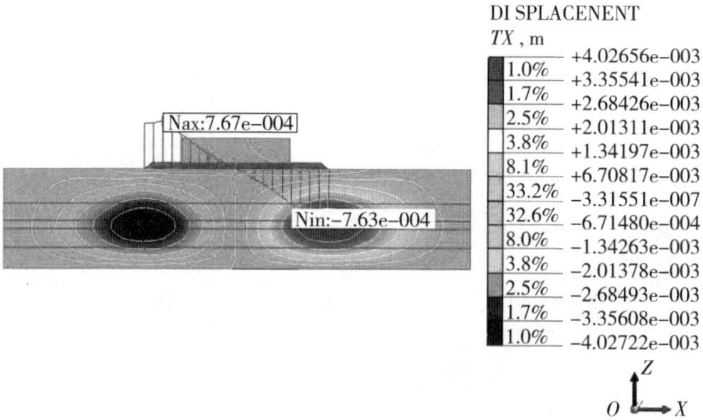

图 3.39 路基填筑第五层路基底部 TX 方向变化曲线图

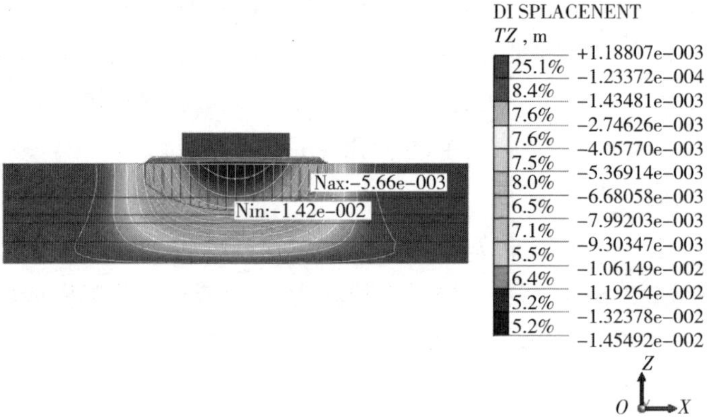

图 3.40　路基填筑第五层路基底部 *TZ* 方向变化曲线图

5. 路基填筑第十层

1）工况分析

当路基填筑第十层时，填筑层厚度为 3.0 m。提取路基填筑第十层 *S*－*XX*、*S*－*YY*、*S*－*ZZ* 受力图，同时提取路基填筑第十层总位移图，*TX*、*TY*、*TZ* 方向位移图，结果如图 3.41～图 3.47 所示。

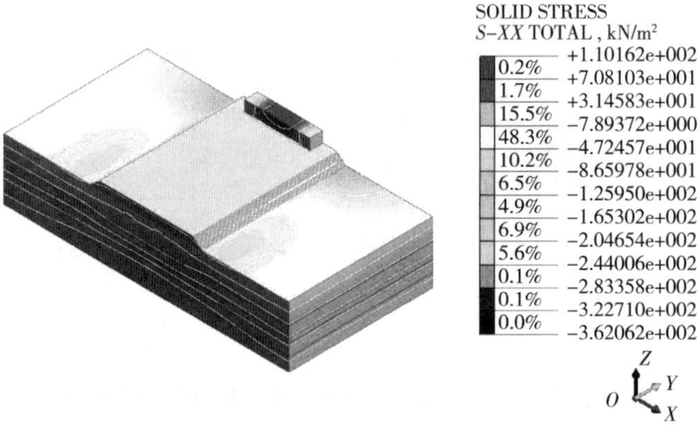

图 3.41　路基填筑第十层 *S*－*XX* 方向受力图

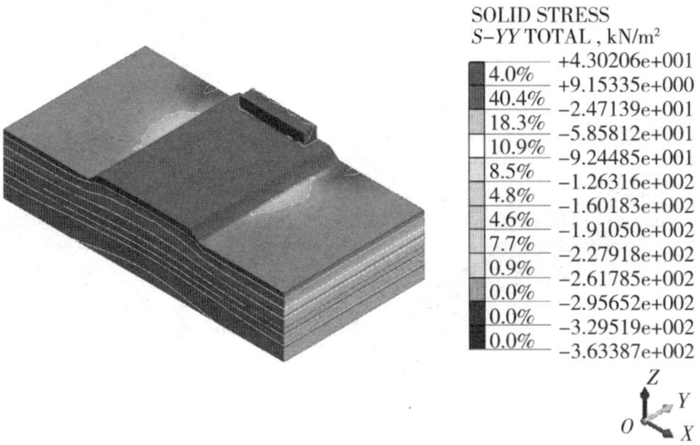

图 3.42　路基填筑第十层 $S-YY$ 方向受力图

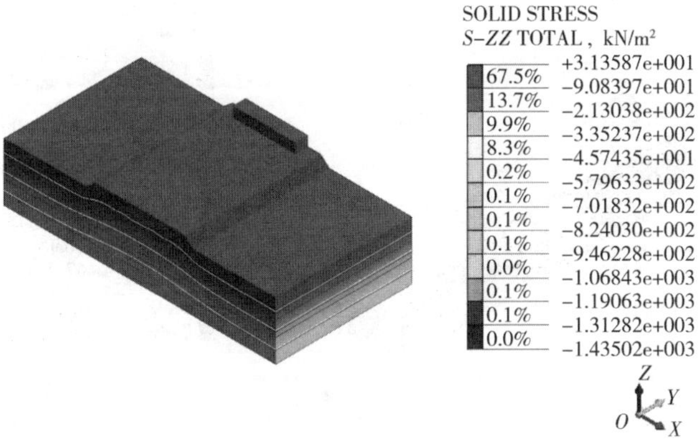

图 3.43　路基填筑第十层 $S-ZZ$ 方向受力图

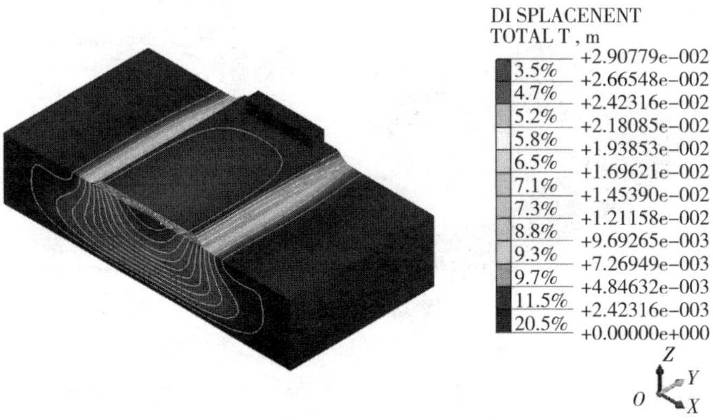

图 3.44　路基填筑第十层总位移图

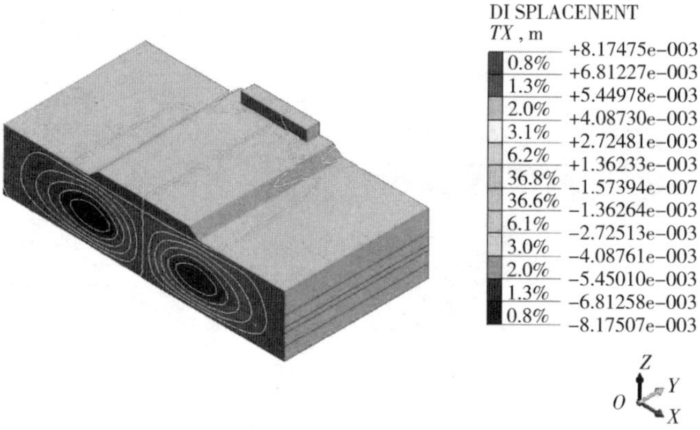

图 3.45　路基填筑第十层 *TX* 方向位移图

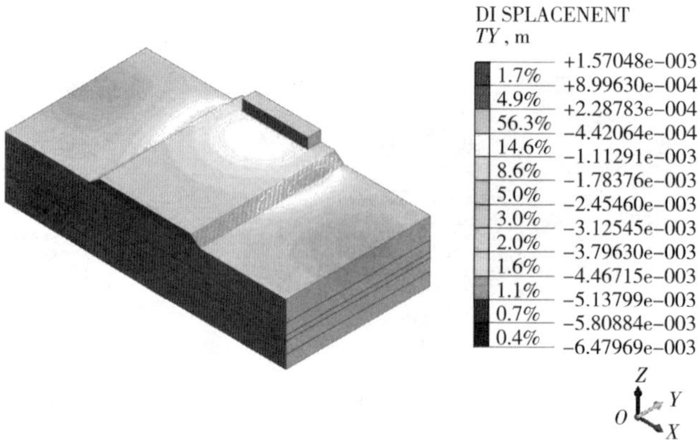

图 3.46　路基填筑第十层 *TY* 方向位移图

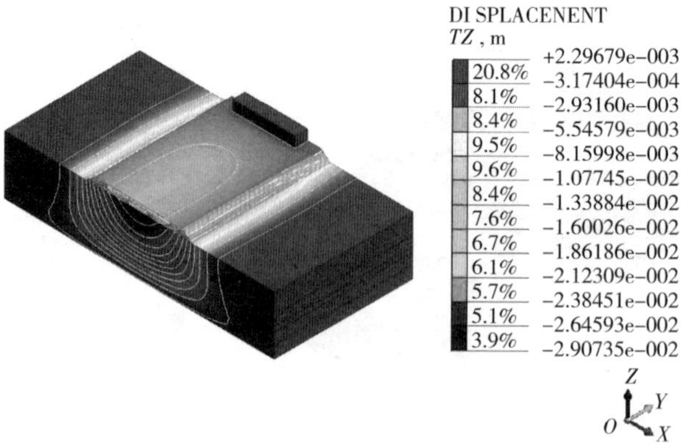

图 3.47　路基填筑第十层 *TZ* 方向位移图

根据数值计算结果，提取路基填筑第十层的受力和变形云图。重点分析路基底部中心位置、路基底部坡脚位置。

分析图 3.41～图 3.43 可知，路基分层填筑高度为 3.0 m 时，路基底部中心位置 $S-XX$ 方向水平应力为 35.9 kN/m^2，$S-YY$ 方向水平应力为 40.8 kN/m^2，$S-ZZ$ 方向垂直应力为 56.4 kN/m^2；路基底部坡脚位置 $S-XX$ 方向水平应力为 13.7 kN/m^2，$S-YY$ 方向水平应力为17.7 kN/m^2，$S-ZZ$ 方向垂直应力为 18.7 kN/m^2。

分析图 3.44～图 3.47 可知，路基分层填筑高度为 3.0 m 时，路基底部中心位置总位移为 28.4 mm，TZ 方向垂直位移为 28.4 mm；路基底部坡脚位置总位移为 10.2 mm，TX 方向水平位移为 0.937 mm，TZ 方向垂直位移为 10.1mm。

2）不均匀沉降计算结果

分析图 3.48、图 3.49 可知，路基分层填筑高度为 3.0 m 时，提取路基底部曲线为研究对象，路基水平位移继续向路基坡脚内部转移，最大值达 0.937 mm，路基底部中心最大沉降量为 28.4 mm，路基底部坡脚最大沉降量为 10.1 mm，由此可知，路基底部坡脚与路基底部中心产生不均匀沉降，且该差异沉降量为 18.3 mm.

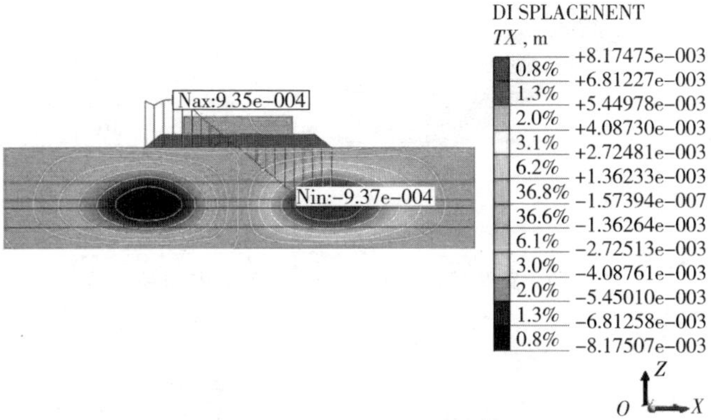

图 3.48　路基填筑第十层路基底部 TX 方向变化曲线图

6. 路基填筑第十五层

1）工况分析

当路基填筑第十五层时，填筑层厚为 4.5 m。提取路基填筑第十五层 $S-XX$、$S-YY$、$S-ZZ$ 受力图，同时提取路基填筑第十五层总位移图，TX、TY、TZ 方向位移图，结果如图 3.50～图 3.56 所示。

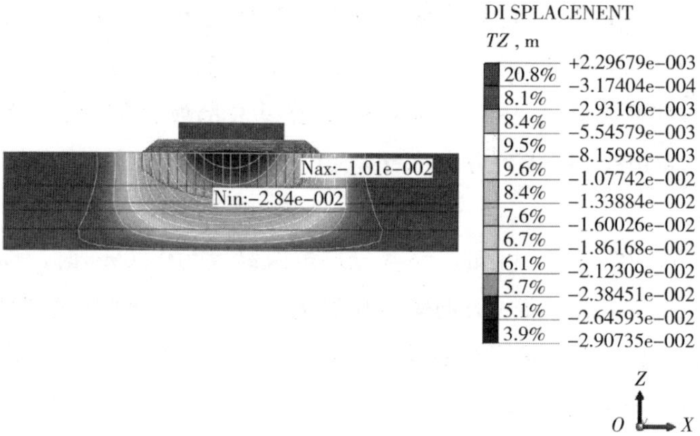

图 3.49　路基填筑第十层路基底部 TZ 方向变化曲线图

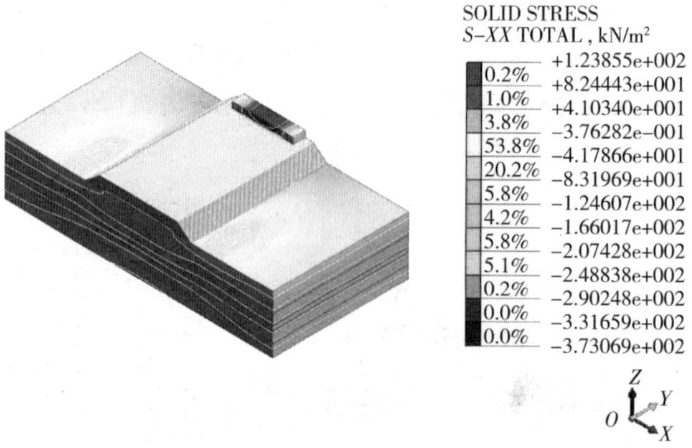

图 3.50　路基填筑第十五层 $S-XX$ 方向受力图

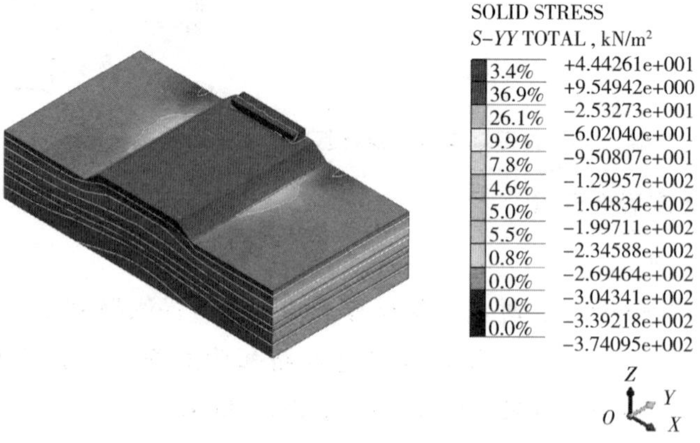

图 3.51　路基填筑第十五层 $S-YY$ 方向受力图

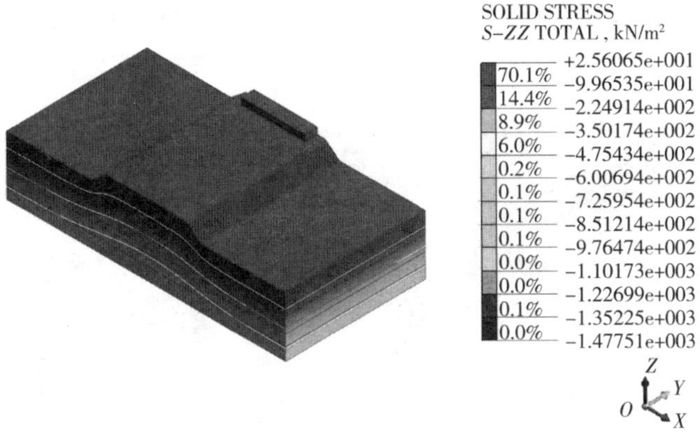

图 3.52 路基填筑第十五层 $S-ZZ$ 方向受力图

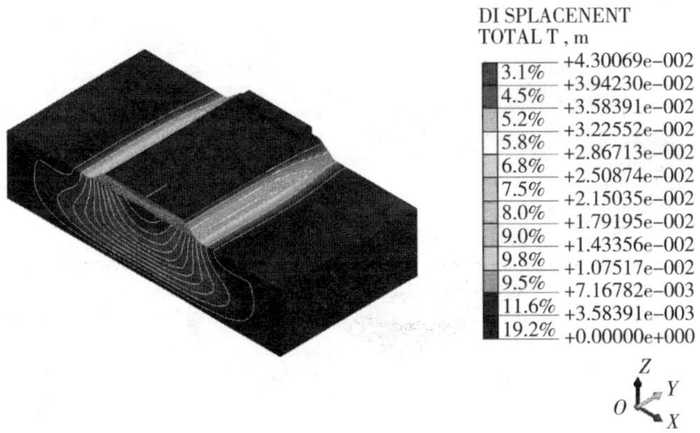

图 3.53 路基填筑第十五层总位移图

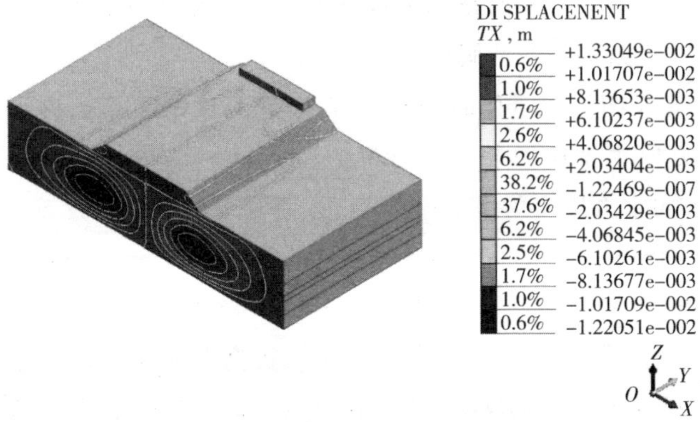

图 3.54 路基填筑第十五层 TX 方向位移图

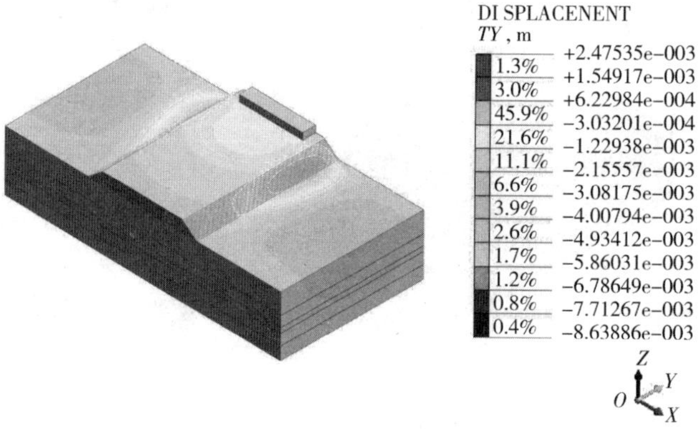

图 3.55　路基填筑第十五层 *TY* 方向位移图

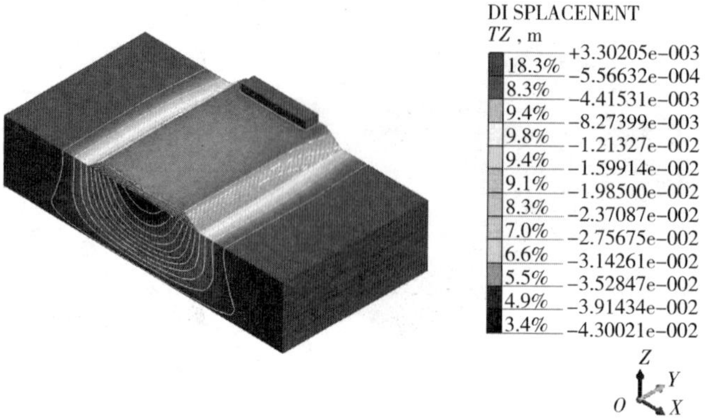

图 3.56　路基填筑第十五层 *TZ* 方向位移图

根据数值计算结果，提取路基填筑第十五层的受力和变形云图。重点分析路基底部中心位置、路基底部坡脚位置。

分析图 3.50～图 3.52 可知，路基分层填筑高度为 4.5 m 时，路基底部中心位置 *S*－*XX* 方向水平应力为 49.7 kN/m^2，*S*－*YY* 方向水平应力为 55.0 kN/m^2，*S*－*ZZ* 方向垂直应力为 81.3 kN/m^2；路基底部坡脚位置 *S*－*XX* 方向水平应力为 16.7 kN/m^2，*S*－*YY* 方向水平应力为19.8 kN/m^2，*S*－*ZZ* 方向垂直应力为 20.9 kN/m^2。

分析图 3.53～图 3.56 可知，路基分层填筑高度为 4.5 m 时，路基底部中心位置总位移为 42.0 mm，*TZ* 方向垂直位移为 42.0 mm；路基底部坡脚位置总位移为 13.8 mm，*TX* 方向水平位移为 0.746 mm，*TZ* 方向垂直位移为 13.8 mm。

2）不均匀沉降计算结果

分析图 3.57、图 3.58 可知，路基分层填筑高度为 4.5 m 时，提取路基底部曲线为研究对象。路基水平位移继续向路基坡脚内部转移，最大值达 0.744 mm，路基底部中心最大沉降量为 42.0 mm，路基底部坡脚最大沉降量为 13.8 mm，由此可知，路基底部坡脚与路基底部中心产生不均匀沉降，且该差异沉降量为 28.2 mm。

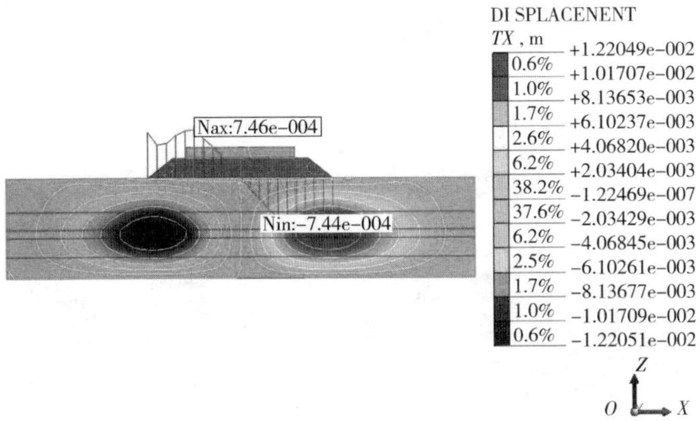

图 3.57 路基填筑第十五层路基底部 *TX* 方向变化曲线图

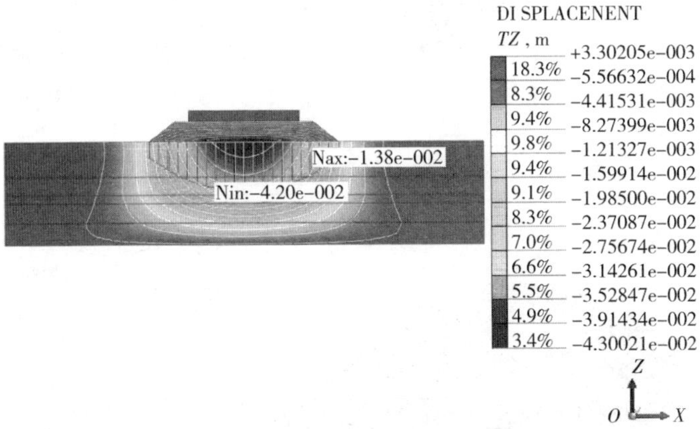

图 3.58 路基填筑第十五层路基底部 *TZ* 方向变化曲线图

7. 路基填筑第二十层

1）工况分析

路基填筑第二十层时，填筑层厚为 6.0 m。提取路基填筑第二十层 *S*－*XX*、*S*－*YY*、*S*－*ZZ* 受力图，同时提取路基填筑第二十层总位移图，*TX*、*TY*、*TZ* 方向位移图，结果如图 3.59～图 3.65 所示。

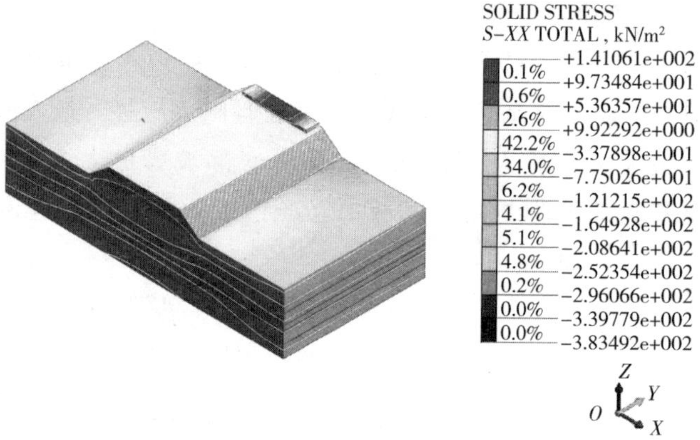

图 3.59　路基填筑第二十层 $S-XX$ 方向受力图

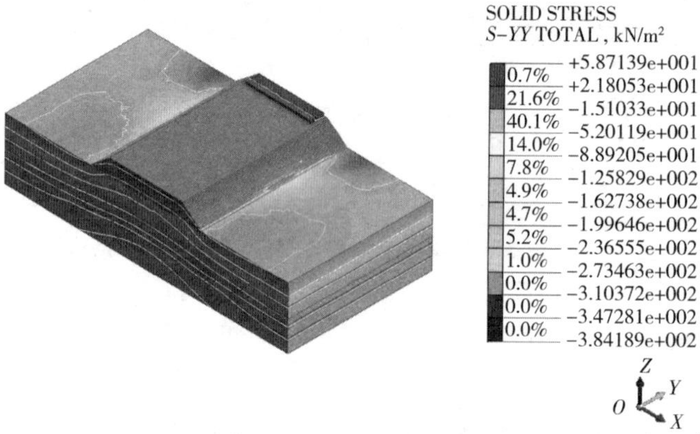

图 3.60　路基填筑第二十层 $S-YY$ 方向受力图

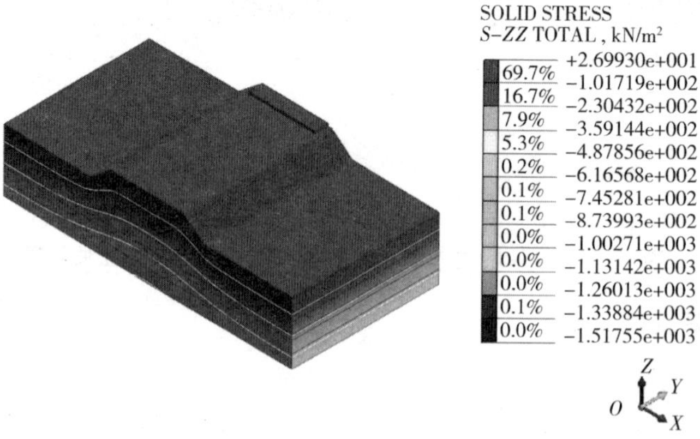

图 3.61　路基填筑第二十层 $S-ZZ$ 方向受力图

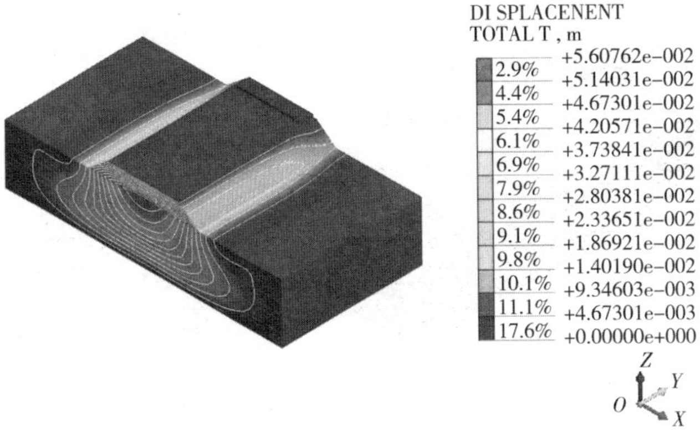

图 3.62　路基填筑第二十层总位移图

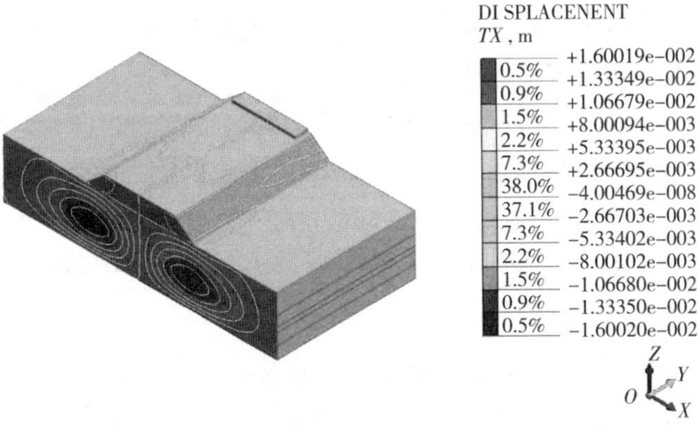

图 3.63　路基填筑第二十层 TX 方向位移图

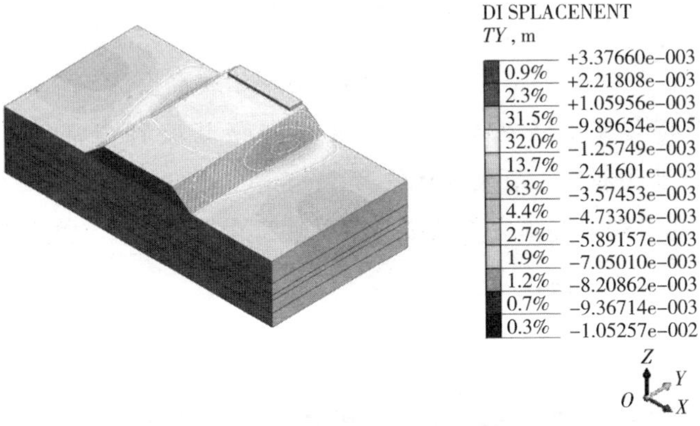

图 3.64　路基填筑第二十层 TY 方向位移图

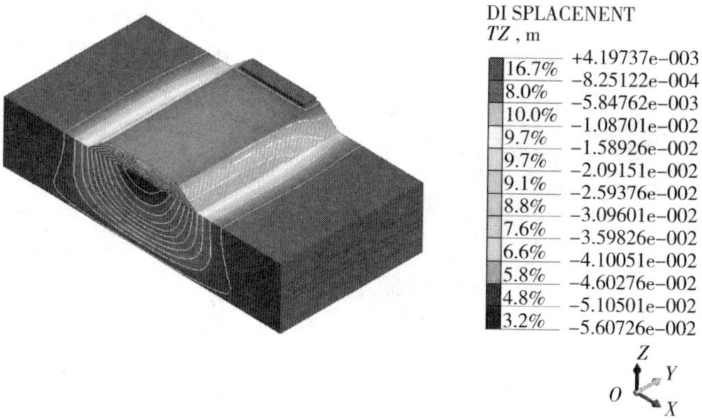

图 3.65 路基填筑第二十层 *TZ* 方向位移图

根据数值计算结果，提取路基填筑第二十层的受力和变形云图。重点分析路基底部中心位置、路基底部坡脚位置。

分析图 3.59～图 3.61 可知，路基分层填筑高度为 6.0 m 时，路基底部中心位置 *S*－*XX* 方向水平应力为 62.7 kN/m^2，*S*－*YY* 方向水平应力为 68.2 kN/m^2，*S*－*ZZ* 方向垂直应力为 106 kN/m^2；路基底部坡脚位置 *S*－*XX* 方向水平应力为 20.0 kN/m^2，*S*－*YY* 方向水平应力为21.8 kN/m^2，*S*－*ZZ* 方向垂直应力为 23.0 kN/m^2。

分析图 3.62～图 3.65 可知，路基分层填筑高度为 6.0 m 时，路基底部中心位置总位移为 54.7 mm，*TZ* 方向垂直位移为 54.7 mm；路基底部坡脚位置总位移为 16.9 mm，*TX* 方向水平位移为 0.333 mm，*TZ* 方向垂直位移为 16.9 mm。

2）不均匀沉降计算结果

通过分析图 3.66、图 3.67 可知，路基分层填筑高度为 6.0 m 时，提取路基底部以线为研究对象。路基水平位移继续向路基坡脚内部转移，最大值达 0.333 mm。路基底部中心最大沉降量为 54.7 mm，路基底部坡脚最大沉降量为 16.9 mm。由此可知，路基底部坡脚与路基底部中心产生不均匀沉降，且该差异沉降量为 37.8 mm。

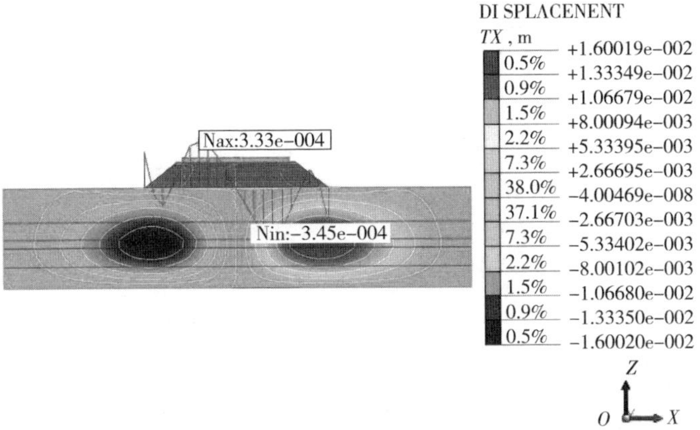

图 3.66　路基填筑第二十层路基底部 *TX* 方向变化曲线图

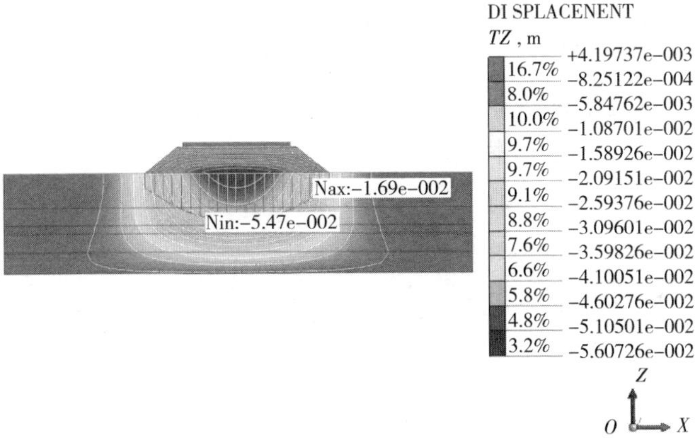

图 3.67　路基填筑第二十层路基底部 *TZ* 方向变化曲线图

8. 回填土施工对路基变形特征分析

如图 3.68 所示，随填筑层数的增加，坡脚位置 *X* 方向位移呈先增大后减小的趋势，整体斜率呈逐渐减小的趋势，最大位移产生在填筑第九层处，最大位移值为 0.943 mm。

如图 3.69 所示，随填筑层数的增加，坡脚位置 *Z* 方向位移逐渐增加，但是增加速率随着填筑层数的增加而逐渐减小，坡脚位置的最终沉降量为 16.9 mm。

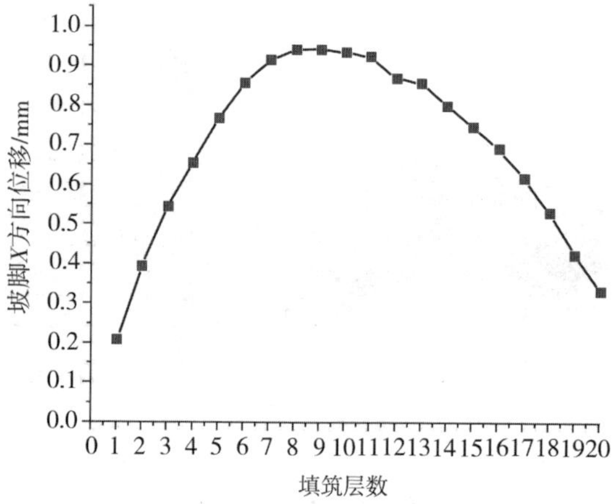

图 3.68 坡脚 X 方向位移

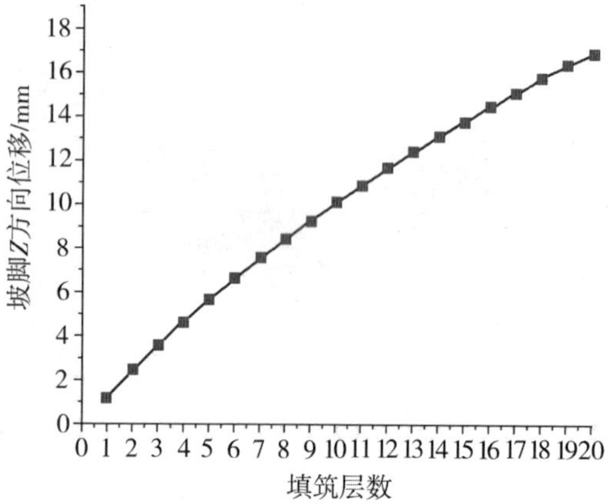

图 3.69 坡脚 Z 方向位移

如图 3.70 所示，随填筑层数的增加，坡底中部位置 Z 方向位移逐渐增加，整体呈线性增长的趋势，坡底中部位置的最终沉降量为54.7 mm，超出了坡脚沉降量的 3 倍。

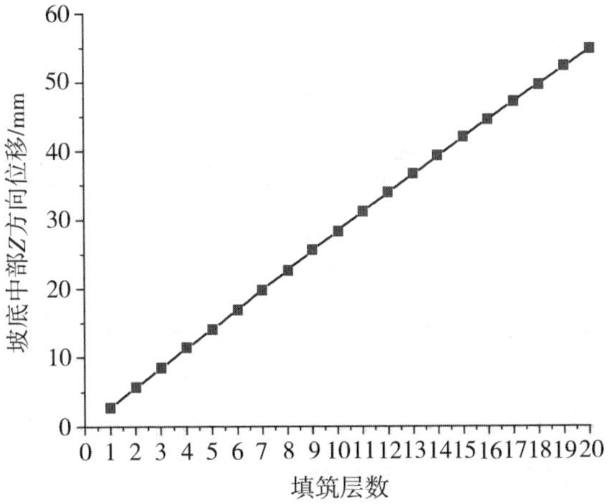

图 3.70　坡底中部 Z 方向位移

3.3 本章小结

(1) 本章分析了桥头跳车产生的机理，认为桥头跳车主要是由错台或附加坡度存在导致的，并结合调研从设计、施工、材料等方面分析了桥头跳车产生的原因。

(2) 通过使用 MIDAS/GTS 数值模拟软件，对路基回填土的填筑工程进行施工全过程数值模拟计算可以得出，在路基路面施工完成时，原地表处于道路中心位置产生的最大沉降量为 54.7 mm。

(3) 随着路基分层填筑施工的进行，路基坡脚下方地层水平位移呈增加后减小的趋势，最大位移量为路基填筑第九层时，随后，最大沉降位置随填筑层数的增加开始逐渐向内部转移。路基坡脚沉降量方面，随填筑高度的增加，沉降量呈现逐渐增加的趋势，施工完成时达到最大值 16.9 mm。坡底中心位置的最终沉降量超出了坡脚沉降量的 3 倍。分析计算结果可知该项目施工完成时路基回填土变形量均在可控范围内。

「4」 路基沉降综合探查技术

为进一步阐述路基沉降形态，本章基于无损检测及局部破损检测等综合探查技术对回填土开展研究。主要技术包括：采用地质雷达探测技术探测浅层病害；利用一体化短周期地震计探测技术探测深层病害；采用钻孔取芯手段观察路基病害体形态及物理力学特征。综合三种探测技术手段揭露回填土病害体的空间范围及特征规律。

4.1 工程地球物理探测技术

工程地球物理探测是以地下不同介质之间的物性差异为基础，通过观测地下各类地球物理场的变化规律，如电阻率、磁性、密度等，并应用具体的探测技术，查明目的层或低质体的分布情况（大小、形状、埋深等），从而达到解决工程和水文工程地质问题的目的。目前，工程地球物理探测的常用方法如图 4.1 所示。

在上述诸多地球物理探测技术中，探地雷达技术及地震勘探技术具有方便、高效、安全、快捷等优势，越来越多地被应用到公路工程路基回填土沉降探察中，以更好地解决实际工程问题。

4.2 钻孔取芯法

钻孔取芯法是一种在不影响结构物整体性能的前提下进行的局部破损检测手段，常用的仪器是钻孔取芯机。

钻孔取芯法主要应用于以下场景：

(1) 从混凝土结构中钻取芯样，以测定普通混凝土的强度。

(2) 检测现浇（钻孔、冲孔人工挖孔）混凝土灌注桩成孔质量：桩身混凝土

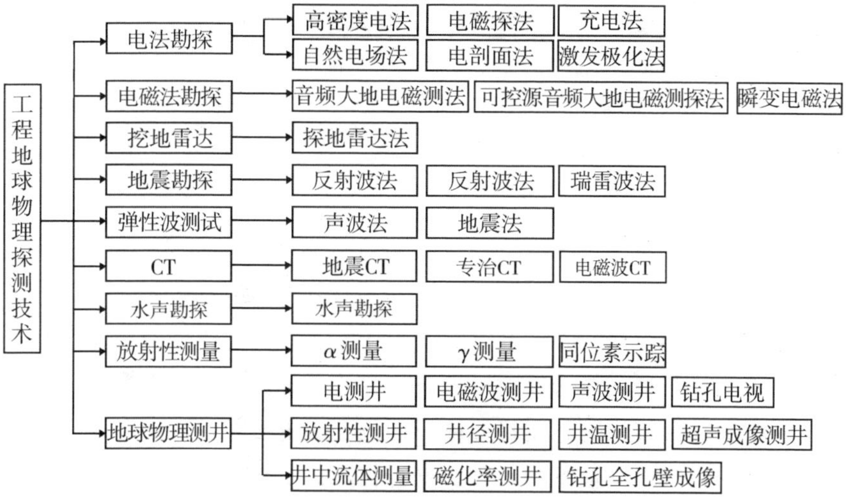

图 4.1　工程地球物理探测技术分类

质量、桩底沉渣、桩端持力层、桩长。

（3）在非破损检测中用来修正、验证其他方法的结果，甚至仲裁。

（4）其他应用，如受冻层深度检测、裂缝深度检测等。

随着钻孔取芯法的发展，也被广泛应用在结构物缺陷的探测领域中。利用它从结构原位钻取不同型号尺寸的芯样，根据芯样的形状特点查找大体积混凝土内部的缺陷，得到的实验结果比较准确，不会对结构物的整体性能产生影响。对于有缺陷的种类判定而言，钻孔取芯法检测可以最终得出最为可靠的结论，图 4.2 为钻孔取芯示意图。

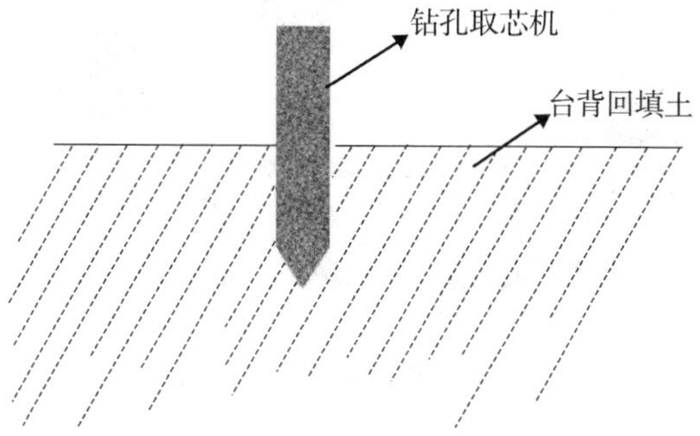

图 4.2　钻孔取芯示意图

4.3 地质雷达探测技术

4.3.1 探测方法基本原理

本项目探测采用探地雷达法，工作方式为连续探测。探地雷达法（Ground Penetrating Radar，GPR）是利用探地雷达发射天线向目标体发射高频脉冲电磁波，由接收天线接收目标体的反射电磁波，探测目标体空间位置和分布的一种地球物理探测方法。其实际是利用目标体及周围介质电磁波的反射特性，对目标体内部的构造和缺陷（或其他不均匀体）进行探测。

探地雷达是近年来一种新兴的地下探测与混凝土构筑物无损检测的新技术，它是利用宽频带高频电磁波信号探测介质结构位置和分布的非破坏性的探测仪器，是目前国内外用于测量混凝土内部缺陷最先进、便捷的仪器之一，天线屏蔽抗干扰性强、探测范围广、分辨率高，具有实时数据处理和信号增强的优点，可进行连续透视扫描，现场实时显示二维黑白或彩色的图像。探地雷达工作如图4.3所示。

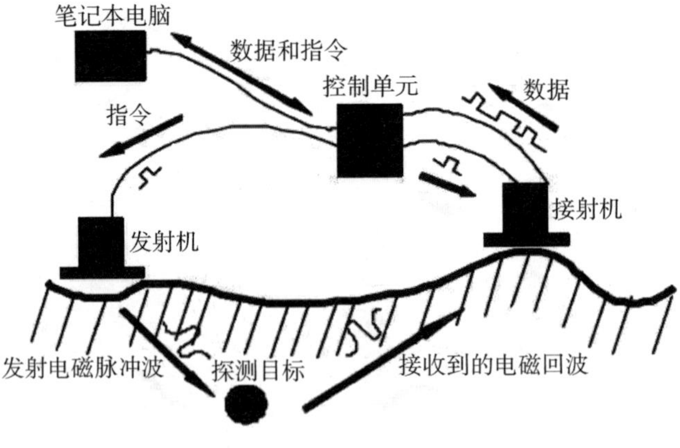

图 4.3　探地雷达工作示意图

探地雷达通过雷达天线对隐蔽目标体进行全断面扫描的方式获得断面的垂直二维剖面图像，具体工作原理是：当雷达系统利用天线向地下发射宽频带高频电磁波时，电磁波信号在介质内部传播时，若遇到介电常数差异较大的介质界面，就会发生反射、透射和折射现象。两种介质的介电常数差异越大，反射的电磁波能量也就越大；反射回的电磁波被与发射天线同步移动的接收天线接收后，由雷达主机精确记录下反射回的电磁波的运动特征，再通过信号技术处理，形成全断面的扫描图，工程技术人员通过对雷达图像的分析，判断出地下目标物的实际结构情况。探地雷达工作原理如图 4.4 所示。

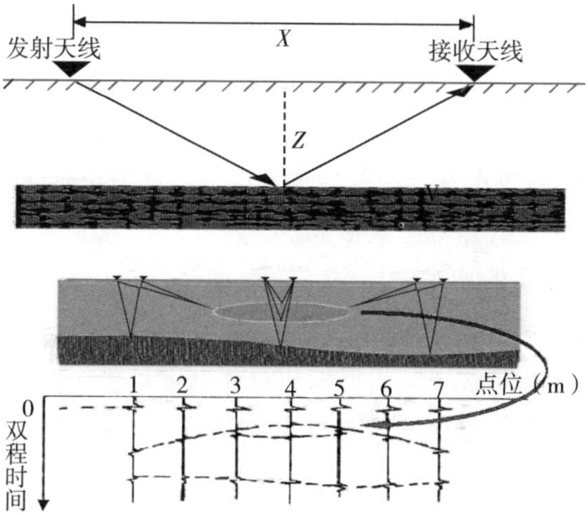

图 4.4　探地雷达工作原理

探地雷达主要利用宽带高频时域电磁脉冲波的反射探测目标体，雷达根据测量接收到的雷达波动，由公式 $t=\sqrt{4z^2+x^2}/v$ 自动求出反射物的深度 z 和范围。

电磁波的传播速度取决于介质的电性，介质的电性主要有电导率 μ 和介电常数 ε，前者主要影响电磁波的穿透（探测）深度，在电导率适中的情况下，后者决定电磁波在该物体中的传播速度。因此，所谓电性介面也就是电磁波传播的速度介面。不同的地质体（物体）具有不同的电性，在不同电性的地质体的分界面上，都会产生回波。基本目标体探测原理如图 4.5 所示。

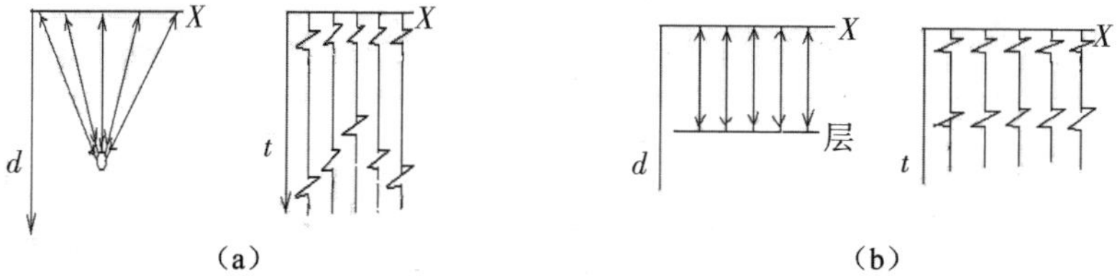

图 4.5　基本目标体探测原理

(a) 孤立；(b) 层面

探地雷达基本参数如下：

(1) 电磁脉冲波旅行时间。

$$t=\sqrt{4z^2+x^2}/v\approx 2z/v \tag{4.1}$$

式中：Z ——勘查目标体的埋深；

x ——发射、接收天线的距离（式中因 $Z>x$，故 x 可忽略）；

V ——电磁波在介质中的传播速度。

（2）电磁波在介质中的传播速度。

$$v=c/\sqrt{\varepsilon_r\mu_r}\approx c/\sqrt{\varepsilon_r} \tag{4.2}$$

式中：c ——电磁波在真空中的传播速度（0.29979m/ns）；

ε_r ——介质的相对介电常数；

μ_r ——介质的相对磁导率（一般 $\mu_r\approx 1$）。

（3）电磁波的反射系数。

电磁波在介质传播过程中，当遇到相对介电常数明显变化的地质现象时，电磁波将产生反射及透射现象，其反射和透射能量的分配主要与异常变化界面的电磁波反射系数有关。

$$r=\frac{(\sqrt{\varepsilon_2\mu_2}-\sqrt{\varepsilon_1\mu_1})^2}{(\sqrt{\varepsilon_2\mu_2}+\sqrt{\varepsilon_1\mu_1})^2}\approx\frac{(\sqrt{\varepsilon_2}-\sqrt{\varepsilon_1})^2}{(\sqrt{\varepsilon_2}+\sqrt{\varepsilon_1})^2} \tag{4.3}$$

式中：r ——界面电磁波反射系数；

ε_1——第一层介质的相对介电常数；

ε_2——第二层介质的相对介电常数。

（4）探地雷达记录时间和勘查深度的关系：

$$z=\frac{1}{2}vt=\frac{1}{2}\frac{c}{\sqrt{\varepsilon_r}}t \tag{4.4}$$

式中：z —— 勘查目标体的深度；

t ——雷达记录时间。

4.3.2 探测设备

根据使用领域的要求，本次探测使用的天线频率范围是 100 MHz 屏蔽天线；根据现场探测精度和深度的要求，我们选用目前性能较高的瑞典MALA X3M型探地雷达主机。

不同频率天线探地雷达的测深能力不同，频率越低，探测深度越大，但是分辨率也会降低；频率越高，探测深度越浅，分辨率会提高。探地雷达探测参数设置如下。

根据所用天线主频及测试目的不同，雷达主机的采集参数、采样频率、采样点、采集时窗也会有所调整。在进行探测时，雷达主机会自动将信号进行 8 次叠加，并采用距离触发探测方式。在纵向探测时，采样间隔为 0.02 m。

100 MHz 屏蔽天线的探测深度受地下介质影响，范围约为 25 m，探测设备如图 4.6 所示。

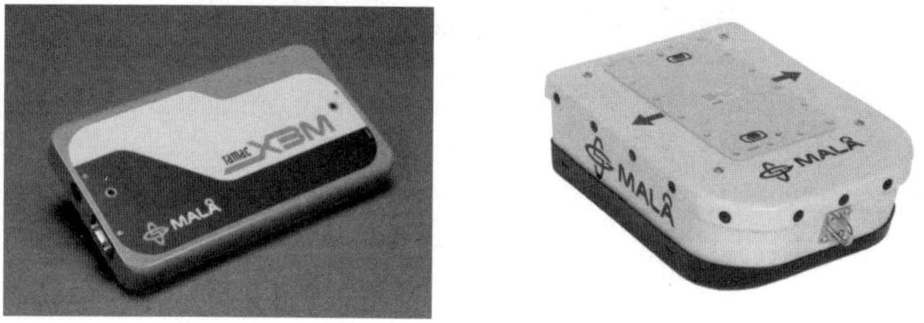

(a) (b)

图 4.6 **探测设备**

(a) MALAX3M 型探地雷达；(b) 100 MHZ 屏蔽天线

4.4 一体化短周期地震计探测技术

4.4.1 探测方法基本原理

1. 自然界共振现象

在自然界中，任何物质都有其自身的固有频率。大到地球小到微电子，由于物质成分几何形状以及结构大小不同，其固有频率也不同，固有频率是自然界赋予物体的自然属性。当物体发生谐振时，振动幅度会急剧增大，可能超出物体的承受能力，从而导致损坏或破坏。例如，一座大桥在遇到与其固有频率相当的外力时，可能会产生强烈振动，甚至倒塌，这也是共振现象在自然界中的一种典型表现。

图 4.7　物体受震动的自激响应

2. 地震频率成像基本原理

地震波勘探是一种基于地震波在地球内部传播特性的地球物理勘探方法。它是以波的传播形式开展工作，从面波勘探到反射波、折射波勘探，都是利用波的传播特征进行勘探的，这些勘探方法都属于在时间域中进行工作。地震勘探目前除了在电磁法领域有时间域法、频率域法外，还未发展出频率域的探测方法。

在地震勘探中用到频率方面的技术主要是在反射波成像结果上利用薄层干涉产生的频率谐调效应进行薄层勘探。直接利用频率特征进行探测的方法主要应用在测桩领域和超声波探伤领域，当发射波与反射波相遇并相互干涉时，它们的叠加可能导致特定频率的能量加强或减弱，从而实现对厚度小于一个波长的物体进行探伤或对桩长小于一个波长的桩基进行检测。

从波动领域利用频率特征进行探测在 20 世纪 80 年代就已经得到了应用，美国国家标准与技术研究院（National Institute of Standards and Technology ，NIST）承担了研究利用非破坏性水泥块评估检测方法，1990 年，Cornell University（康奈尔大学）的桑萨隆（ Sansalone）博士发明和申请了专利技术，称其为“Impact-Echo”（冲击回波），如图 4.8 所示。它是指在一个自由表面上冲击激发产生一个初始的 P 波，并使其向下传播。当 P 波碰到缺陷时将产生反射波，反射波回到地表又向下传播，碰到缺陷再次被反射回自由表面，由于缺陷与周围介质存在波阻抗差异，多次反射的结果在频率域具有明显的特征。

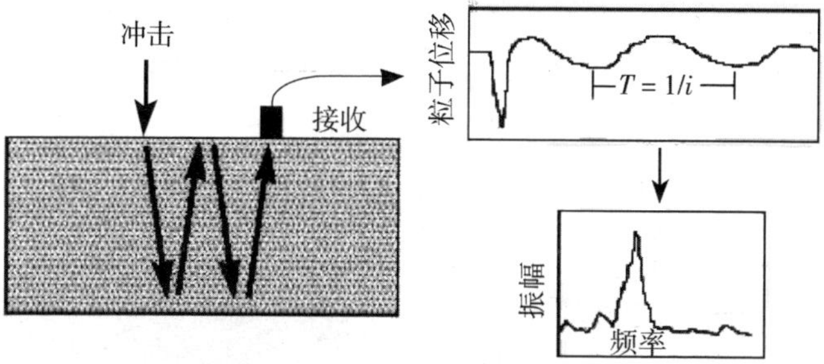

图 4.8 “Impact - Echo”方法

厚度与频率的关系为

$$T=\frac{2H}{V} \tag{4.5}$$

其中，$T=t_{\mathrm{up}}+t_{\mathrm{down}}$。

T 与频率的关系为

$$f=\frac{1}{T} \tag{4.6}$$

近年来，“Impact—Echo”方法已应用于地震勘探，当地层波阻抗差异时，会产生反射系数，即

$$R_n=\frac{Z_{n+1}-Z_n}{Z_{n+1}+Z_n} \tag{4.7}$$

其中，$Z_n=\rho_n V_n$ 为第 n 层的声波阻抗；将“Impact—Echo”方法的厚度与频率的关系转化为多层模型后，得到

$$H_n=V_n\left[\frac{1}{2k_n f_n}-\sum_{i=1}^{n}\frac{H_i}{V_i}\right] \tag{4.8}$$

H_n 是指具有某一振动特征频率的地层厚度，式（4.8）体现了地震数据记录到的频率特征与上覆地层效应，其中系数 k 的表达式为

$$k=\frac{\sqrt{12(1-\delta_n{}^2)}}{\pi} \tag{4.9}$$

其中，δ 为泊松比，其表达式为

$$\delta=\frac{\frac{1}{2}(\frac{V_P}{V_S})^2-1}{(\frac{V_P}{V_S})^2-1} \tag{4.10}$$

由此可见，共振频率与纵波速度、密度、横波速度、波阻抗差异、泊松比均有关。假定一个单层模型（见图 4.9），当上下地层的波阻抗不同时，在频谱上会出现峰或谷现象；当厚度不同时，其对应的频率也不同。同理，当模型厚度不同时（见图 4.10），对应的频率也会不同。

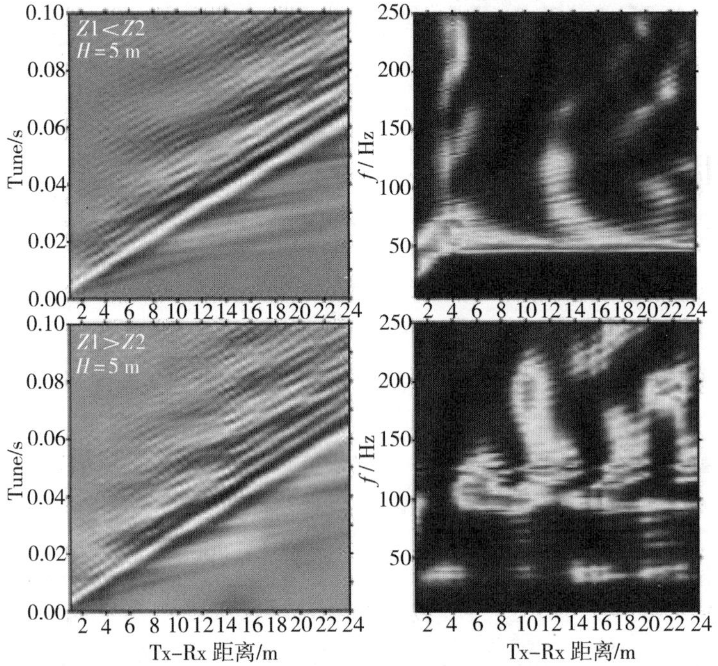

图 4.9　单层模型频谱分析

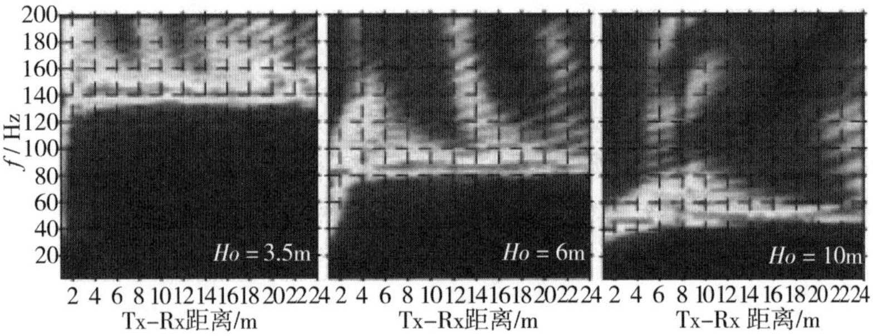

图 4.10　厚度不同分析

从振动领域开展共振频率的研究，最早是在 1987 年的墨西哥地震中，人们发现有的离震中较远的地方出现了地震波明显被放大的现象，地震破坏比离震源近的某些地方还严重，另外观测到一定高度的房屋破坏比其他都严重，由此出现了地层卓越频率的概念，当卓越频率与楼房固有频率相同时，发生共振，毁坏严重。日本学者中村（Nakamura Y）对局部场地和天然地震频率效应进行了综合分析，并提出了H/V频谱比经验方法，用于评估天然地震对局部环境的危害程度。该技术的实质是测定地下物体的谐振频率。所谓谐振也称共振，如图 4.11 所示即当物体在某一特定频率激励条件下，其响应的振幅被放大。当特定的频率振动作用于地质体，会使地质体产生共振，造成该频率的地震波振幅明显加大。

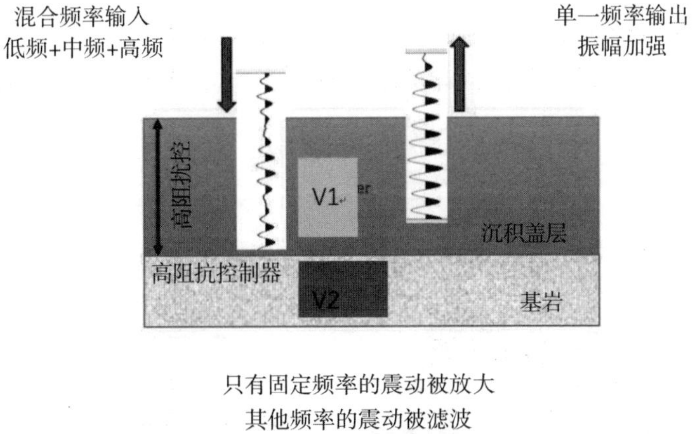

图 4.11　三分量共振成像原理示意图

如图 4.12 所示将地下地质体假设成一系列的层状均匀介质，每一个地层等效为一个阻尼弹性系统，一系列的地层将组合成一个复合的弹性系统，通过观测获取该弹性系统的多模态共振频率，由于固有频率与各地质体尺度（层状模型下是厚度）、硬度等因素有关，而硬度与弹性模量有关，地质体的纵波速度、密度、横波速度等参数也与弹性模量有关，所以实际上可以得到固有频率与地质体的厚度、纵波速度、横波速度、密度等有关，从而得到函数：

$$f = g(h, k) = g(h, \rho, V_P, V_s) \tag{4.11}$$

每一地层都相当于一个有质量、有阻尼的弹簧，根据振动理论，可将其转化为如图 4.12 右图所示的一个有阻尼双自由度振动系统。双自由度振动系统的运动状态需要用两个独立坐标 x_1、x_2 来表征（系统静止时的平衡位置为零点位置）。对系统做简单的受力分析，可以得到系统的振动方程：

$$m_1 x_1 = F - k_1(x_1 - x_2) - c_1(x_1 - x_2) \tag{4.12}$$

$$m_2 x_2 = k_1(x_1 - x_2) + c_1(x_1 - x_2) - k_2 x_2 - c_2 x_2 \tag{4.13}$$

式中：m_1、m_2 地层的等效质量，可用单位体积与密度的乘积来表示，单位体积又可以简化为单位面积与厚度的乘积；

k_1、k_2——弹簧刚度系数；

c_1、c_2——阻尼系数；

x_1、x_2——地层的振动位移；

F ——振动力。

设 F 为简谐振动力，即 $F = F_0 e^{ikwt}$ ，ω 为振动频率，将其代入，整理推导简化可得到固有频率与厚度的关系与从波动领域推导的结果一致的结果：

$$H_n = V_n \left[\frac{1}{2k_n f_n} - \sum_{i=1}^{n} \frac{H_i}{V_i} \right] \tag{4.14}$$

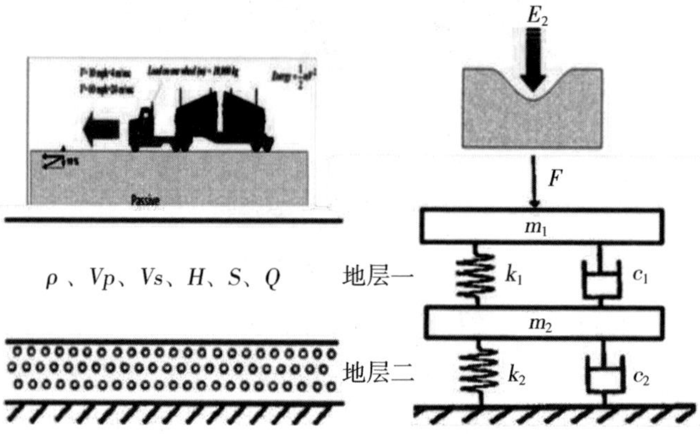

图 4.12　共振成像介质等效示意图

4.4.2 探测设备

为确保项目的顺利实施，需要根据项目任务目标与精度的要求，选择性能优良的仪器设备和良好的交通运输工具。仪器操作员必须按规范保养仪器，测试仪器性能，进而保证仪器处于良好的工作状态。另外，室内应配备多套工作站及相关软件对数据同时进行处理。工程选用 ALLSEIS—3CLF 一体化短周期地震计，该地震计具有宽频带、低价格、微功耗等特点（见图 4.13）。

（a）（b）

图 4.13　ALLSEIS－3CLF 一体化短周期地震计采集现场

4.5 本章小结

（1）基于地质雷达建立了浅层病害精准探测技术。

（2）开发了深部微震双频共振缺陷捕捉探测技术。

（3）形成了浅部雷达—深部微震综合探察方法。

「5」 路基病害注浆控制技术

注浆也称灌浆，是通过注浆钻孔或注浆管向出现含水裂隙、空洞或不稳定的地层注入水泥浆或其他浆液，以堵水或加固地层的施工技术。该技术现已广泛应用于矿井的地下水害治理、隧道、地铁及其他大型地下工程。

5.1 路基注浆机理

注浆理论是借助流体力学和固体力学的理论发展而来的，对浆液的单一流动形式进行分析，建立压力、流量、扩散半径、注浆时间之间的关系，用以指导注浆工程的设计和施工。实际上，浆液在地层中往往以多种形式运动，而且这些运动形式随着地层的变化、浆液的性质和压力的变化而相互转化或并存。如在渗透注浆过程中存在劈裂现象，在劈裂注浆过程中存在渗透流动，在压密注浆过程中存在劈裂或渗透流动，尽管浆液在地层中运动形式很复杂，但它在一定条件下总是以某种流动形式为主。正确地运用注浆理论，将其以所要求的运动形式为主在地层中流动，达到注浆的目的，如在非均质地层内注浆，先用黏度高的悬浊型浆液向地层内大孔洞、裂隙或土层中的松软地带注浆，提高地层的均质性，然后再渗透注浆。随着注浆技术的广泛应用和深入研究，注浆理论也在不断地发展。目前针对路基回填土病害的注浆理论主要有充填注浆、渗透注浆和压密注浆。

渗透注浆，是在不足以破坏地层构造的压力（即不产生水力劈裂）下，把浆液注入粒状土的孔隙中，从而排出其中的空气和水。一般渗透注浆的必要条件是满足可注性条件。渗透注浆的浆液一般均匀地扩散到土颗粒间的孔隙内，如图 5.1 所示。将土颗粒胶结起来，可以增强土体的强度和防渗能力。

浆液扩散的形状取决于注浆方式，当采用钻杆端孔注浆时，由于注浆孔较深，浆液呈球面扩散，如图 5.2（a）所示；当采用花管式分段注浆时，浆液呈柱面扩散，如图 5.2（b）所示。

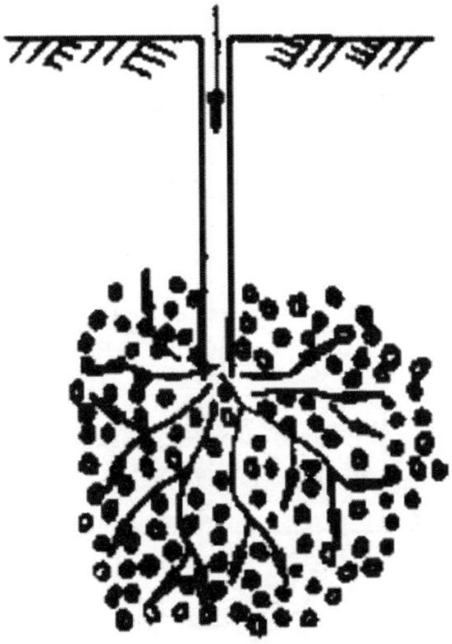

图 5.1 渗透注浆示意图

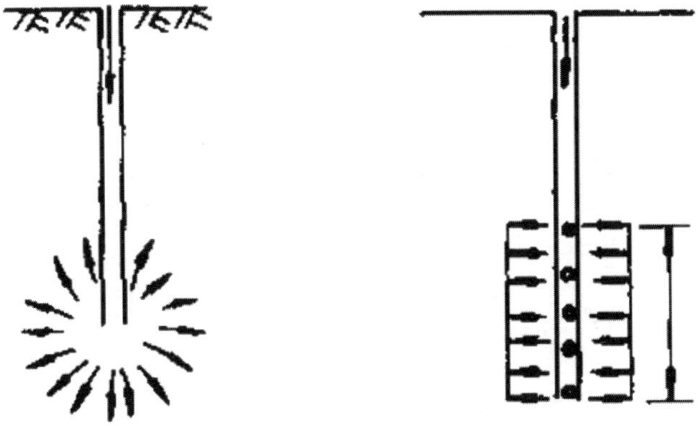

(a) (b)

图 5.2 浆液的扩散形状

(a) 球面扩散；(b) 柱面扩散

5.1.1 球面扩散公式

球面扩散公式又称马格（Maag）公式，是一种用于计算浆液在砂层中渗透的公式，是德国工程师马格于 1938 年首次推导得出的浆液在沙层里的渗透公式。马格做了如下假定：

(1) 浆液从钻杆底部孔注入土体，注浆源为点源，浆液在地层中呈球状扩散。

(2) 浆液为牛顿体，浆液扩散的理论模型如图 5.3 所示。

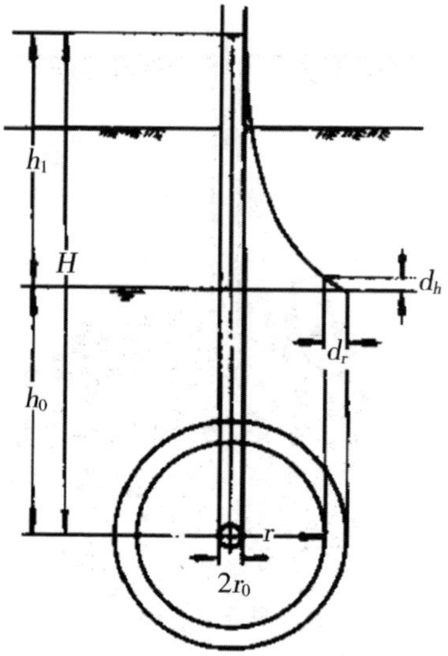

图 5.3　点源注浆球面扩散理论模型

根据达西定律：

$$Q = K_g iAt \tag{5.1}$$

式中，Q 表示单位时间内通过管道的流量；$i = \frac{d_h}{d_r}$；$K_g = \frac{K}{\beta}$；$A = 4\pi\gamma^2$。

根据边界条件，由式（5.1）推导出：

$$H - h_0 = \frac{Q\beta}{4\pi Kt}\left(\frac{1}{\gamma_0} - \frac{1}{\gamma_1}\right) \tag{5.2}$$

$$Q = \frac{4\pi Kt(H - h_0)}{\beta\left(\frac{1}{\gamma_0} - \frac{1}{\gamma}\right)} \tag{5.3}$$

已知 $H - h_0 = h_1$，$Q = \frac{3}{4}\pi\gamma_1^3 \cdot n$，同时考虑 $\gamma_1 \gg \gamma_0$，即$\frac{1}{\gamma_0} - \frac{1}{\gamma_1} \approx \frac{1}{\gamma_0}$，于是式（5.2）和式（5.3）可简化为

$$h_1 = \frac{\gamma_1^3 \beta n}{3Kt\gamma_0} \tag{5.4}$$

$$t = \frac{\gamma_1^3 \beta n}{3Kh_1\gamma_0} \tag{5.5}$$

式中：K ——沙土的渗透系数（cm/s）；

Q ——浆液流量（cm^3/s）；

K_g ——浆液在地层中的渗透系数（cm/s）；

β ——浆液黏度与水的黏度比，$\beta=\frac{\mu_g}{\mu_w}$ ；

A ——渗透面积（cm^2）；

γ_1，γ_0——浆液的扩散半径（cm）；

h_0——注浆点的地下水压力水头（cm）；h_1为注浆压力水头（cm）；

H ——地下水水头和注浆压力水头之和（cm）；

r_0——注浆管半径（cm）；

t ——注浆时间（s）；

n ——沙土的孔隙率；

μ_w ——水的动力黏度系数（mPa·s）；

μ_g ——浆液的动力黏度系数（mPa·s）。

5.1.2 Raffle－Greenwood 公式

拉费尔（Raffle）和格林伍德（Greenwood）进一步考虑了地下静水的作用，推导出注浆点源的球形扩散半径、浆液流量和浆液压力之间的关系式，即

$$h_1=\frac{Q}{4nK}\left[\beta\left(\frac{1}{\gamma_0}+\frac{1}{\gamma_1}\right)+\frac{1}{\gamma_1}\right] \tag{5.6}$$

式中：K ——地层渗透系数；

β ——浆液黏度与水的黏度之比；

γ_0——球形扩散半径，对于柱形注浆源 $\gamma_0=(L/D)^{1/2}$（其中 L 为柱长，D 为柱直径）。

浆液从注浆源（钻杆底部）扩散到半径为 R 的球面所需的时间为

$$t=\frac{n\gamma_0^2}{Kh_1}\left[\frac{\beta}{3}\left(\frac{\gamma_1^2}{\gamma_0^3}-1\right)-\frac{\mu-1}{2}\left(\frac{\beta}{\gamma_0^2}-1\right)\right] \tag{5.7}$$

如果略去方括号内的第二项，并且 $\gamma_1^2/\gamma_0^3\gg1$，Raffle－Greenwood 公式可以简化为 Maag 公式。在实际应用中，这个公式可以帮助工程师预测和控制注浆过程中浆液的扩散范围，从而优化注浆设计，提高注浆效果。

5.1.3 柱面扩散公式

柱面扩散公式用于描述在岩土工程中，如注浆过程中，浆液在岩土层中的扩

散行为。这种扩散通常遵循达西定律，并且考虑到了岩土层的渗透性、浆液的黏度以及注浆压力等因素。如图 5.4 所示，根据达西定律：

$$q = K_g i A \tag{5.8}$$

当 $\gamma = \gamma_0$ 时，$h = H$；$\gamma = \gamma_1$ 时，$h = h_0$，因而由式（5.8）可推导出：

$$H - h_0 = h_1 = \frac{\beta q}{2\pi a K}\ln\frac{\gamma_1}{\gamma_0} \tag{5.9}$$

$$q = \frac{2\pi a K h_1}{\beta \ln\dfrac{\gamma_1}{\gamma_0}} \tag{5.10}$$

已知 $Q = \pi\gamma_1^2 a n$，$Q = qt$ ，于是：

$$\gamma_1 = \sqrt{\frac{2Kh_1 t}{n\beta\ln(\gamma_1/\gamma_0)}} \tag{5.11}$$

$$t = \frac{n\beta\gamma_1^2\ln(\gamma_1/\gamma_0)}{2Kh_1} \tag{5.12}$$

式中：q ——单位时间的注浆量（cm^3/s）；

γ_1 、γ_0——浆液扩散半径（cm）；

a ——柱状注浆长度（cm）。

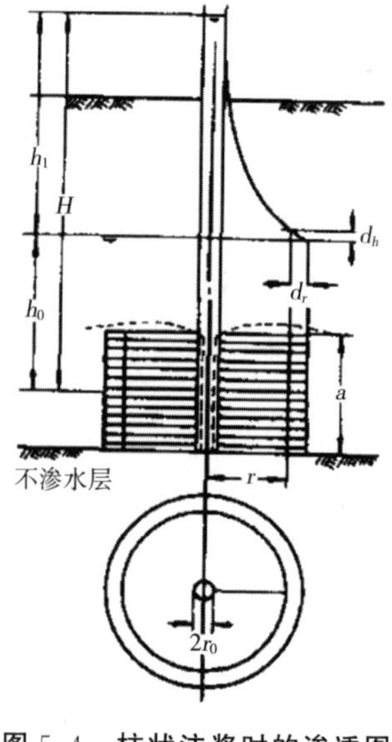

图 5.4　柱状注浆时的渗透图

5.2 新型路基注浆材料

注浆材料作为路基回填土病害注浆控制技术中的重要组成部分，能够有效起到充填加固的作用。近些年来水泥基复合材料凭借其物理化学性能的优越性而成为研究的热点。对于路桥过渡段路基回填沉降区域的注浆充填材料，由于其治理的特殊性及注浆工艺的复杂性，良好的抗分散性和可注性是最为重要的标准。然而，普通的水泥基材料存在抗冲刷性能差、流变性不好、抗腐蚀能力弱、易污染施工环境的缺陷、并且在路基回填沉降区域注浆极易分散，已不能满足空洞回填的需要。因此本节内容采用实验方法进行了注浆材料的优选，测定了注浆材料的基本性能参数，旨在其中掺入外加剂，制备得到微重水泥基气泡轻质土注浆材料，增强水泥基材料组分之间的黏度，使其具有抗分散能力强、可注性强、凝结时间可控、流动性好、抗冲蚀性好、强度比高、自密实高等优点，并能在路桥过渡段路基回填沉降区域的注浆充填工程中得到较好的应用。

5.2.1 原材料优选

改进水泥的外加剂应当具备性能稳定、与水泥基材的适应性好等性能，以降低注浆工艺的复杂性。水泥外加剂（减水剂、膨胀剂和促凝剂等）对改善水泥注浆材料泵送性能和抗分散性的作用较小；水性的聚合物分散体（乳浊液）加入水泥体系后，一般需要一定的时间破乳，将其中的高分子成分释放出来然后参与水泥的水化反应中去；很多乳浊液需要水泥水化反应将其中的水分吸收才能破乳，所需时间较长，难以满足注浆材料凝结时间可控的需求。为应对动水注装材料所需的速凝性，外加剂体系中需要存在充填密实性成分，很多充填密实性成分也无法同聚合物乳浊液保持体系稳定，因此拟采用水溶性高分子解决上述问题。

5.2.2 研发目标

新型路基注浆材料研发的预期目标如表 5.1 所示。

表 5.1 新型路基注浆材料研发预期目标

参数指标	预期目标
凝结时间	初凝时间在十秒至十几分钟内可调； 终凝时间在十几分钟至几十分钟内可调
可注性	浆液的流动度大，在注浆过程中保持良好的可注性
抗分散性	具有良好的抵抗冲刷性能
抗压强度	结实体强度满足工程需要的最低要求
体积安定性	自密实性较好，具有良好的体积安定性
环保性	注浆原材料必须满足环保要求

5.2.3 组分筛选

根据上述注浆原材料的优选原则，所选外加剂首先在排除有毒性和不满足环保要求的原料后，选择可能与水泥水化产物中的阳离子反应形成离子键的聚合物，同时水泥外加剂应当包含的助剂种类有速凝剂、泵送剂、早强剂、抗分散剂等。因此选取的外加剂及助剂有粉煤灰、矿粉、发泡剂、抗分散剂、水等。

5.2.4 实验方法

依据上述选择原则，选定四种组合方式开展实验，如表 5.2 所示。

表 5.2 外加剂组合表

编号	各组分比例	水胶比
1	快硬硫铝酸盐水泥 85：F 类粉煤灰 10：F1 型发泡剂 4.96：羧甲基纤维素 0.05	0.6
2	快硬硫铝酸盐水泥 85：S95 级矿粉 10：F1 型发泡剂 4.96：羧甲基纤维素 0.05	0.6
3	PO 42.5 普通硅酸盐水泥 80：F 类粉煤灰 15：F1 型发泡剂 4.9：羧甲基纤维素 0.1	0.6
4	PO 42.5 普通硅酸盐水泥 65：F 类粉煤灰 15：S95 级矿粉 10：F1 型发泡剂 4.85：羧甲基纤维素 0.15	0.6

(1) 取 PO 42.5 普通硅酸盐水泥、F 类粉煤灰、羧甲基纤维素、水按照配比倒入搅拌机中搅拌 90s 得到浆液。

(2) 将 F1 型发泡剂按照配合比例稀释成发泡剂溶液，通过发泡机制备成泡沫。

(3) 将泡沫输送到搅拌机中，搅拌 90s 后倒入模具中成型，32 h 后拆模，放入标准养护室养护 28 天后，对新型路基注浆材料的各项性能进行测试。

通过测定水泥流失量和 pH 值，来评价材料的抗分散性。对组成形式制备得到的新型路基注浆材料进行性能测试，结果如表 5.3 所示。

表 5.3 微重水泥基气泡轻质土注浆材料的性能

组号	湿容重/kN/m³	干容重/kN/m³	流动度/mm	28d 抗压强度/MPa	28d 饱水抗压强度/MPa	抗压强度损失率/%	水泥流失量/%	pH 值
1	1110	1065	18.5	1.37	1.08	21.17	13.12	11.4
2	1150	1112	18.8	1.45	1.23	15.17	11.34	10.7
3	1200	1159	19.6	1.62	1.42	12.35	7.84	9.3
4	1250	1193	19.2	1.84	1.67	9.24	9.83	8.4

微重水泥基气泡轻质土是通过浆液和泡沫均匀混合，经硬化后形成的一种新型轻质材料。通过表 5.3 可以发现该新型路基注浆材料，抗压强度损失率和水泥流失量均较低，说明该注浆材料的水下抗分散能力强，同时该材料具有流动性好、密度和强度可调节的优点，流值在 160～200 mm，密度可以在 1000～1600 kg/m³ 范围内调节，强度可以在 0.6～25 MPa 范围内调节。因此，它可以作为路桥过渡段路基回填沉降区域的注浆充填工程的充填材料。

5.3 注浆钻孔优选

大量的工程实践证明，在注浆治理过程中，起主要作用的往往就是少数的几个钻孔，也就是我们现在提出的关键孔，这些关键孔的合理设计、科学优选以及如何有效利用等都是控制工程安全、影响治理效果的关键因素。

5.3.1 关键孔注浆方法

1. 关键孔定义

关键孔是指揭露主导通裂隙，具有较好连通性，并且对注浆堵水、引排和围岩加固起主要作用的注浆钻孔。

2. 关键孔注浆方法

关键孔注浆方法是集物理探测、连通实验、材料凝固控制、科学注浆设计和注浆安全控制等多方面内容于一体的综合治理体系。首先，通过水文分析和物理探测，有效指导钻孔设计，进而通过水力连通实验、压水实验等现场实验内容项目，来评定钻孔的连通性等情况，接着，利用层次分析法优选出关键注浆孔，再根据关键孔的孔深、扩散范围等参数进行科学注浆设计。在注浆过程中，实时监测围岩变形、水量、水压变化等内容，有效控制注浆安全，并实时调整设计，以获取最佳封堵和加固效果，进而达到综合治理的目的。惠冰[20]应用渗流应力耦合理论、数值分析和现场监测相结合的方法开展研究，研究了注浆作用下围岩变形主控因素，包括浆液自重、注浆压力、孔口管长度、注浆孔布置等。建立了多孔介质流固耦合数学模型，采用 COMSOL 多物理场耦合分析软件分析了开挖后围岩渗流场和位移场变化规律。系统研究了注浆过程中注浆压力、孔口管长度和围岩等级各因素对围岩变形的影响。基于注浆作用下围岩变形规律，研究了注浆参数设计及安全控制方法，为关键孔理论奠定了研究基础。

传统的注浆方法是在钻孔揭露水源后立即实施注浆，这时含水、导水构造还未探测清楚，而钻孔揭露的位置未必是最佳注浆区域。盲目注浆，不仅难以取得理想的治理效果，还有可能为后续钻孔的设计和注浆造成困难。

关键孔注浆方法是一种先钻孔后注浆的治理方法，它充分利用钻孔的补充探测功能，可建立围岩含水、导水构造的分布模型，对钻孔进行科学优选，找出最佳引排钻孔和最佳注浆钻孔，进而设计科学合理的注浆治理方案。

3. 关键孔注浆实施步骤

(1) 通过涌水区域地质及水文地质条件分析，确定涌水水源或涌水补给类型。

(2) 选取适宜的物探方法对涌水区域进行探测，基本探查出主要含水、导水构造发育特征及重点涌水区域富水性情况，确定注浆堵水工程治理重点区域，并综合地质分析和物探成果，进行初步钻孔设计。

(3) 在重点治理区域内施工注浆钻孔，并详细记录钻孔揭露的地质及水文地质情况，结合探测结论，深化对含、导水构造的认识。

(4) 对各个钻孔进行连通实验，结合多方面信息进行钻孔质量评价，划分钻孔质量等级，确定关键孔。

(5) 针对关键孔设计注浆方案，并根据注浆期间水量、水压和围岩变形监测数据，动态调整、优化注浆方案，最后整理资料，并对注浆效果进行评价总结。

5.3.2 关键孔质量评价及层次优选方法

钻孔质量评价主要依据物探资料、钻探资料及连通实验结果，并涉及安全、技术、环境及成本等四个方面因素。现在运用层次分析法，对四个评价因素统一研究，做出综合评判。

层次分析法（Analytic Hierarchy Process，AHP）是美国数学家 Thomas L. Satty（托马斯·L. 萨蒂）于 20 世纪 70 年代首先提出的一种定性分析和定量分析相结合的方法，它为多种工程实际应用中的多规则决策问题提供了有效的数学支持。其决策的基本思路是：将复杂的多规则决策问题分解为各组成因素，并将这些因素按支配关系分组，以形成有序的递阶层次结构。通过比较判读的方式确定每一层次中各因素的相对重要性，然后在递阶层次结构内进行合成得到决策因素相对于目标的重要性的总排序。

1. 钻孔评价指标的确定与处理

在注浆钻孔的优选中，所涉及的评价指标很多。其中有一部分定量指标，如钻孔涌水量、水压、连通时间和跑浆浓度（当用化学试剂进行连通实验时，这一项为离子浓度）等，也有模糊性很强的定性指标，如有效扩散范围和跑浆能力等。实际应用中为了简化处理，借用模糊理论，根据具体问题的复杂程度和需要，每一评价钻孔质量的因素可按其性质分为若干等级，在定性目标的论域 [0, 1] 上，可分别给出评定值，如 7 级因素等级集 E＝{很差，差，较差，中，较好，好，很好} ＝ {0.05，0.2，0.35，0.5，0.65，0.8，0.95}。由此，确定的评定值模糊矩阵记为 P。具体评价标准如表 5.4 所示。

评价指标体系中各指标在钻孔的优选中所起的作用是不同的，各个因素的重要程度不一样。根据层次分析法，对某一层次各评价指标进行两两比较决定其重要性，对比较结果评分，得两两判断矩阵。因素 u_i 与 u_j 的比较得判断

$u_{ij}\in[(0-9]$，则 u_j 与 u_i 的比较得判断 $u_{ji}=1/u_{ij}$。根据重要性不同，u_{ij} 取值不同。

$$\boldsymbol{P}=\begin{bmatrix} u_{11} & u_{12} & \cdots & u_{1n} \\ u_{21} & u_{22} & \cdots & u_{2n} \\ \vdots & \vdots & \ddots & \vdots \\ u_{n1} & u_{n2} & \cdots & u_{nn} \end{bmatrix} \tag{5.13}$$

计算判断矩阵权重排序，求出权重分配向量，所求权重分配向量即为各评价因素重要性排序，也就是权数分配，构成权重集。

2. 钻孔的评价得分计算

把评价钻孔质量的主要内容构成第1层因素集，具体影响因素可参考表5.4。

表5.4　钻孔质量评价因素

编号	初级评价		第二级评价	
	名称	符号	评价内容	符号
1	安全评价	U_1	施工人员安全性评价	U_{11}
			工作环境评价	U_{12}
			工程安全评价	U_{13}
2	技术评价	U_2	钻孔揭露裂隙数及钻孔涌水量	U_{21}
			连通时间或跑浆时间	U_{22}
			有效扩散范围估计	U_{23}
			跑浆浓度	U_{24}
3	环境评价	U_3	通过治理可改善环境	U_{31}
			对环境无影响	U_{32}
			对环境有破坏作用	U_{33}
4	成本评价	U_4	钻孔施工成本	U_{41}
			钻孔吃浆能力	U_{42}
			钻孔及注浆施工难度	U_{43}

$$U=\{U_1, U_2, \cdots, U_n\} \tag{5.14}$$

对每一个 $U_i(i=1, 2, \cdots, K)$ 又可做进一步分类：

$$U_i=\{u_{i1}, u_{i2}, \cdots, u_{ik}\} \tag{5.15}$$

式（5.15）中，每个U_i有k个因素，设的权重向量为A_i，U_i的k个因素总的评价矩阵为R_i，则U_i的单因素评判结果为

$$B_i = A_i \cdot R_i = (b_{i1}, b_{i2}, \cdots, b_{in}) \tag{5.16}$$

设U的权重集为$\boldsymbol{A} = \{A_1, A_2, \cdots, A_n\}$，则$U$的总的评价矩阵为

$$\boldsymbol{B} = \begin{bmatrix} B_1 \\ B_2 \\ \vdots \\ B_n \end{bmatrix} = \begin{bmatrix} A_1 \times R_1 \\ A_2 \times R_2 \\ \vdots \\ A_n \times R_n \end{bmatrix} \tag{5.17}$$

得出总的综合评判结果为

$$\boldsymbol{B} = \boldsymbol{A} \cdot \boldsymbol{R} = (b_1, b_2, \cdots, b_n) \tag{5.18}$$

根据最大隶属度原则，与$(b_1, b_2, \cdots, b_n)$中最大值对应的钻孔即为最优关键孔，第二大值对应的则为次优关键孔。由于单一的钻孔很难实现对涌水的完善治理，因此我们可以根据工程需要，选择最优的几个钻孔作为注浆堵水的关键孔，并进行科学合理的注浆设计，以实现对涌水的最优控制和对围岩的合理加固。

钻孔评价和优选方法是在工程实践经验的基础上，结合数学方法推导而来的，是工程经验与科学计算的结合。

5.3.3 钻孔的多因素评价优选

钻孔质量关系到施工安全、引排及注浆治理效果，其质量评价可以分为两个层次，第一层评价因素分为安全、技术、环境和成本四个方面，其中每个方面又可以根据具体的工程条件分为诸多小项，针对不同的项目和工程环境，有不同的评价标准，详细评价列表如表 5.5 所示。结合顶板涌水区的注浆治理，进行设计和施工的注浆钻孔的质量评价与优选。

1. 一级评价权重确定

从重要程度上讲，$U_1 > U_2 > U_3 > U_4$，在初级评价指标中，根据其重要性，对指标进行两两比对，参考表 5.4 对其比较结果进行评分，得到一级评价指标的判断矩阵：

$$\boldsymbol{P} = \begin{bmatrix} U_{11} & U_{12} & U_{13} & U_{14} \\ U_{21} & U_{22} & U_{23} & U_{24} \\ U_{31} & U_{32} & U_{33} & U_{34} \\ U_{41} & U_{42} & U_{43} & U_{44} \end{bmatrix} = \begin{bmatrix} 1 & 7/5 & 7/3 & 7 \\ 5/7 & 1 & 5/3 & 5 \\ 3/7 & 3/5 & 1 & 3 \\ 1/7 & 1/5 & 1/3 & 1 \end{bmatrix} \tag{5.19}$$

计算判断矩阵每一行元素的几何平均值 $\boldsymbol{W}_i$，即

$$\boldsymbol{W}_i = n\sqrt{\prod_{j=1}^{n} u_{ij}}\ (i,\ j=1,\ 2,\ 3,\ 4) \tag{5.20}$$

得到 $\boldsymbol{W}_i=[1.851,\ 1.701,\ 1.497,\ 1.138]^{\mathrm{T}}$，对向量 $\boldsymbol{W}$ 进行归一化处理，计算 $\boldsymbol{W}_i$：

$$\boldsymbol{W}_i = \frac{\boldsymbol{W}_i}{\sum_{j=1}^{n}\boldsymbol{W}_j} \tag{5.21}$$

则 $\boldsymbol{W}_i=[0.299,\ 0.275,\ 0.242,\ 0.184]^{\mathrm{T}}$ 即为所求一级评价指标判断矩阵的权重分配向量，也就是一级评价因素的权重集。

在第一级评价中，$(\mathrm{PW})_i$ 表示 PW 的第 i 个元素。

2. 二级评价

按权重计算方法，把安全评价中的二级评价指标进行权重计算，得到其权重向量 $\boldsymbol{P}_1=[0.390,\ 0.340,\ 0.270]^{\mathrm{T}}$；同样得到技术评价的二级评价因素权重向量 $\boldsymbol{P}_2=[0.229,\ 0.275,\ 0.242,\ 0.184]^{\mathrm{T}}$；环境因素二级评价因素的权重分配向量为 $\boldsymbol{P}_3=[0.434,\ 0.357,\ 0.209]^{\mathrm{T}}$；成本控制二级评价权重 $\boldsymbol{P}_4=[0.390,\ 0.340,\ 0.270]^{\mathrm{T}}$。

由于安全性评价环境因素评价和成本控制评价均属于定性评价，按定性评价标准对 29 个钻孔进行评价得分，治理效果二级评价中的涌水量、跑浆浓度和跑浆时间三项可做定量评价。

涌水量评价得分为 $Q_i/Q_{\max}$，其中 Q_i 为本孔涌水量，$Q_{\max}$ 为所有评价钻孔的最大涌水量。跑浆时间评价得分可以根据注浆材料初凝时间和施工可操作性综合确定，以速凝无机注浆材料为依据，其现场初凝时间为 30～45 min，跑浆浓度评价方法参考涌水量评价办法。有效扩散范围按现场条件进行模糊评分。所有钻孔的评价得分及最终综合分析得分详如表 5.5 所示，这里不做详细计算说明。

3. 钻孔质量评价标准

根据层次分析的计算方法，钻孔质量评价得分越高，钻孔质量越好，钻孔评价得分区间与钻孔评价因素赋值高低相关，赋值越高，各因素间赋值差距越大，钻孔得分差距越明显，根据二号辅助运输大巷现场情况和赋值的平均水平，确定了 5 个钻孔质量评价等级（见表 5.5）。

表 5.5 钻孔质量评价标准

编号	评价得分	质量等级	工程处理措施
1	小于 0.3	差	注浆封孔，无利用价值
2	0.30～0.35	一般	注浆封孔，利用价值不大
3	0.35～0.40	较好	有选择地保留部分钻孔，留待观测或其他用途
4	0.40～0.45	次优关键孔	有效利用，可做引排或注浆关键孔，对每个钻孔进行连通实验，确定引排方案或注浆参数
5	大于 0.45	最优关键孔	重点利用，作为引排和注浆治理关键孔，进行连通实验，并针对每个钻孔进行注浆设计

5.3.4 关键孔注浆

根据最终钻孔质量评价得分结果，按照最大隶属度原则选取注浆治理的关键孔。由于主控含导水构造形式多样，其中包括平行展布的一个裂隙组，如可溶岩与非可溶岩接触裂隙带；交叉分布的裂隙组，如沟通含水体的共轭构造裂隙；呈同心放射状展布裂隙，如向斜核部应力集中区。因此选取的注浆关键孔并不局限于一个或几个，针对不同的主控导水裂隙组或同组裂隙的不同区段，均可能出现若干个关键注浆孔，从而形成联合注浆关键孔。联合注浆关键孔对涌水区段的注浆治理起到决定性作用。

5.4 现场沉降监测

现场定期监测道路沉降、水平位移等的变化趋势，制定如表 5.6 所示的监测计划表。

表 5.6 运营期监控等级划分

监控等级	路段类型	路段条件
一级	S1.1	路基有失稳风险或不确定的路段
	S1.2	工后沉降大于容许值的路段
	S1.3	路基上部结构分期修建的路段
	S1.4	环境条件变化可能对路基造成影响的路段
二级	S2	其他软土地基路段

（1）路基稳定性报警值应符合以下规定。

①报警值应根据软土厚度与性质、地基处理方法、地区经验等因素综合确定。

②对于天然地基路基排水固结法路基，当加载速率约为 5kPa/d 时，可按表 5.7确定沉降速率报警值，按表 5.8 确定水平位移速率报警值。

表 5.7　沉降速率报警值　　单位：mm/d

z	Cu	
	10～20	20～35
$z \leqslant 10$	10	6
$10 < z \leqslant 20$	15	10

注：Cu 为软土不排水抗剪强度（kPa），z 为软土厚度（m）。

表 5.8　水平位移速率报警值　　单位：mm/d

B	Cu	
	10～20	20～35
$B \leqslant 15$	6	4
$15 < B \leqslant 30$	8	6

注：B 为路基底宽与顶宽的平均值的一半（m）。

（2）S1.1 路段的监控断面间距不宜大于 50m，监测项目应符合表 5.9 的规定。

表 5.9　监测项目

路段类型	表面沉降	水平位移	分层沉降或深层沉降	孔隙水压力	地下水
S1.1	应测	应测	—	可测	可测
S1.2、S1.3	应测	—	有软土下卧层时宜测	—	—
S2	应测	—	—	—	—

（3）监测精度应符合表 5.10 的规定。

表 5.10　监测精度

监测项目	监测精度
表面沉降	不宜低于三等测量精度
水平位移	不宜低于三等测量精度

（4）S1.1 路段的监测频率不宜低于 1 次/30d，路基稳定性恶化时不应低于 1 次/2d。

表 5.11　监测频率

序号	监测项目	监测间距/m	监测频率	监测长度/m	监测时间/d	监测总量/次
1	表面沉降	50	1 次/30d	3150	360	756
2	水平位移	50	1 次/30d	3150	360	756

5.5 本章小结

（1）设计了注浆治理参数，提出并优化了注浆加固范围的关键控制工艺。

（2）改进了路基空洞充填裸孔压力注浆装置，构建了关键孔评估模型，建立了路基回填土注浆控制关键技术。

「6」 路基回填新型材料研发

目前，大量国内外文献资料证明被用作路基回填材料的沙砾土或碎石土等都具有透水性好、强度高以及稳定性强的特性。但是，这些材料自重大，可能会因为现场条件限制而难以使用大型机械进行作业，导致其不易被压实。从工程可行性角度考虑，研究回填材料具有轻质性、高强度以及可密实填充等特性，是处理路桥过渡段的重要措施。

气泡混合轻质土是一种无机材料，填筑时具有高流动性、固化自立、自重轻等特性，气泡混合轻质土对传统挖、填技术进行优化，达到加快工期，降低工程造价的目的。正是由于以上优点，气泡混合轻质土可以作为新型轻质填筑材料，作为路堤不仅可以减小对地基的附加应力，而且还可以减轻对桥台构造物的水平推力。因此，气泡混合轻质土应用于路桥过渡段，发挥其容重小的优点，降低了路堤的自重，降低对地基的附加应力，从而控制了路桥过渡段的差异沉降。其路堤自身刚度大，抗压缩能力强，能抵抗上部路面荷载以及车辆荷载的挤压作用，使其自身变形小，改善了路基路面的沉降变形。目前，研究发现气泡混合轻质土具有环保性，无论在地上建筑还是地下回填，对周围环境都没有产生副作用。在添加稳定材料的同时，不仅提高了气泡混合轻质土的强度，也达到节约材料的目的，符合我国生态文明的理念，是符合目前我国国策的，同时，也是可持续发展的一项基本要求。

6.1 气泡混合轻质土的工程特性及应用

6.1.1 气泡混合轻质土的材料组成及制作流程

气泡混合轻质土，在工程上又称为气泡轻质土，是利用物理机械发泡的方式将发泡剂发泡成泡沫，并注入含有水泥胶凝材料、水、掺和料和外加剂等的水泥浆溶液，并按照一定比例搅拌混合均匀，最终经过硬化而形成的一种轻质材料。

气泡混合轻质土的结构如图 6.1 所示。

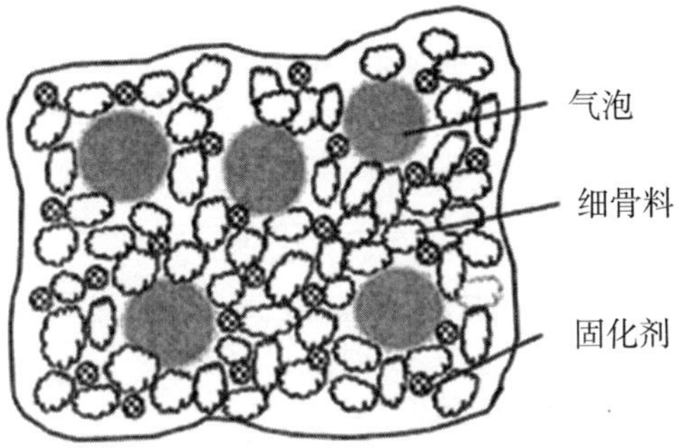

图 6.1 气泡混合轻质土结构

1. 气泡

气泡是气泡混合轻质土中的重要组成部分，通常由发泡剂产生。这些气泡在轻质土中形成许多小孔，使其具有较低的密度和良好的保温隔热性能。发泡剂是一种经过加水稀释，注入空气后能产生均匀稳定气泡群的表面活性材料。发泡剂的种类和质量会直接影响到气泡混合轻质土的品质。发泡剂在市面上主要分成三类，分别是界面活性类、蛋白类和树脂类。因此，发泡剂是保证发泡质量的关键因素，发泡产生的气泡均匀、稳定地分布，以此保证其在浆液中的流动性。

2. 基质土

气泡混合轻质土对于基质土的选择是比较严格的，通常需要考虑其扩散性和力学性。在基质土中，土颗粒的等效直径应不大于 4.75 mm，含泥量不大于 15%，目的是确保气泡混合轻质土具有一定的流动性。

3. 固化剂

固化剂根据在气泡混合轻质土路桥过渡段中的应用分为主剂和辅剂。这两种固化剂的作用不同，主剂在气泡混合轻质土中起到受力和固结的作用，主剂多是以各类硅酸盐水泥为主。而辅剂则是为了达到气泡混合轻质土所需要的要求而添加的，常用的辅剂有粉煤灰、硅粉等。

4. 制作流程

气泡混合轻质土的制作过程是通过发泡系统的机械方式发泡的，并将产生的气泡与水泥砂浆充分混合，通过泵送系统进行现场浇筑的过程。气泡混合轻质土具体的制作流程如图 6.2 所示。

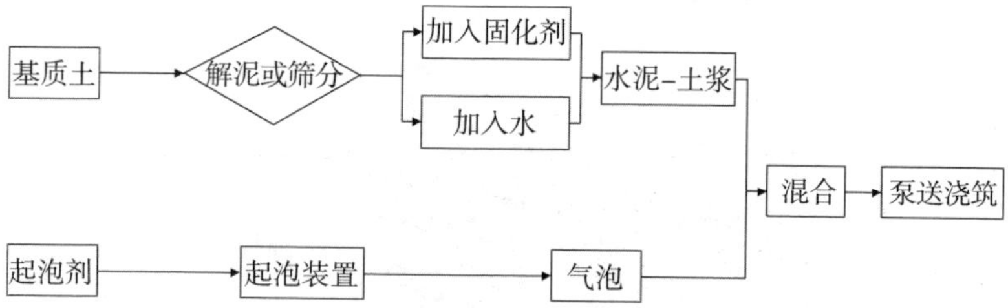

图 6.2 气泡混合轻质土的制作流程

6.1.2 气泡轻质土物理特性

1. 轻质性和流动性

气泡轻质土中含有一定量的微小气泡群，其容重比一般的土壤要小很多，因此具有良好的轻质性。在施工中，可以通过控制土体中的气泡含量，将其容量控制在 5～16 kN/m^3。具体步骤：①在硬化前，通过消泡、缩泡来增加气泡轻质土的密度；②在硬化过程中，通过控制轻质土的收缩来控制密度；③在硬化后，需要通过吸水或干燥来控制轻质土的密度。此外，气泡轻质土具有良好的流动性，在施工过程中可以通过控制用水量来调节气泡轻质土的流动性。

2. 透水性

正常情况下，胶凝材料常用于水泥固化类轻质土土粒之间的水化物填充。在配比时，随着胶凝材料的增加，气泡轻质土的透水性会降低。因此，通过增加胶凝材料的用量可以控制沙土透水系数。影响气泡轻质土透水系数的另一个因素是养护时间，随着固化轻质土养护时间的延长，水化物的生产量会逐渐增多，造成其透水性降低。一般情况下，气泡轻质土的透水系数为 6～10 cm/s。

3. 吸水性

相关研究显示，如果将气泡轻质土完全没入水中进行长期持续的吸水，则其密度会增加 8%左右，且密度增加速度会随着没入深度的增大而增大。因此，在一些容易出现水浸现象的地方采用气泡轻质土回填时，需要做好防水处理。

6.2 公路桥梁路基回填气泡轻质土填筑研究

6.2.1 粉煤灰基气泡轻质土配合比实验方案

粉煤灰基气泡轻质土主剂材料由水泥、粉煤灰、发泡剂、土体、水等组成。其中水泥型号采用P·O·42.5水泥，粉煤灰采用Ⅱ类粉煤灰，发泡剂采用动物蛋白发泡剂，土体采用粉质黏土，水采用自来水。根据粉煤灰基气泡轻质土配合比实验研究内容制订三种研究方案。

配合比实验1：实验用的粉煤灰基气泡轻质土为水泥、10%掺量Ⅱ类粉煤灰、发泡剂、5%粉质黏土、水，如表6.1所示。

配合比实验2：实验用的粉煤灰基气泡轻质土为水泥、15%掺量Ⅱ类粉煤灰、发泡剂、5%粉质黏土、水，如表6.2所示。

配合比实验3：实验用的粉煤灰基气泡轻质土为水泥、20%掺量Ⅱ类粉煤灰、发泡剂、5%粉质黏土、水，如表6.3所示。

对发泡剂进行1∶60稀释，采用LC-5型发泡机对发泡稀释液进行发泡。将水泥、粉煤灰、粉质黏土按照相应的配合比掺在一起，然后倒入搅拌机中，加入自来水快速搅拌60 s，最后将泡沫称量倒入搅拌机中慢速搅拌30 s，静置20 s最后倒入试模，试模(100 mm×100 mm×100 mm)每三个试块为一组。每个配合比进行三组实验研究。

表6.1　10%掺量粉煤灰实验配合比（每$1m^3$用量）

水灰比	水泥/kg	粉煤灰/kg	发泡剂/kg	水/kg	粉质黏土/kg	湿容重/（kg/m^3）
0.55	270	27.2	36.6	164.6	13.6	512
0.58	270	27.2	36.2	173.5	13.6	520.5
0.6	270	27.2	35.9	179.5	13.6	526.2

表6.2　15%掺量粉煤灰实验配合比（每$1m^3$用量）

水灰比	水泥/kg	粉煤灰/kg	发泡剂/kg	水/kg	粉质黏土/kg	湿容重/（kg/m^3）
0.55	260	39	36.6	164.5	13	513.1
0.58	260	39	36.1	173.4	13	521.5
0.6	260	39	35.8	179.4	13	527.2

表 6.3　20%掺量粉煤灰实验配合比（每 $1m^3$ 用量）

水灰比	水泥/kg	粉煤灰/kg	发泡剂/kg	水/kg	粉质黏土/kg	湿容重/（kg/m^3）
0.55	250	50	36.5	165	12.5	514
0.58	250	50	36.1	174	12.5	522.6
0.6	250	50	35.8	180	12.5	528.3

6.2.2 粉煤灰基气泡轻质土物理力学特征研究

根据规范要求，公路工程中粉煤灰基气泡轻质土物理力学指标主要体现在发泡剂 1h 沉降距、泌水量、气泡轻质土流值、湿容重、抗压强度。抗压强度作为粉煤灰基气泡轻质土质量管控的重要力学指标，在不同粉煤灰掺入量条件下，开展 7d 和 28d 抗压强度值指标控制研究，具体如表 6.4～表 6.6 所示。

表 6.4　水灰比 0.55 下不同掺量粉煤灰基气泡轻质土指标

水灰比 0.55	粉煤灰掺量 10%	粉煤灰掺量 15%	粉煤灰掺量 20%
沉降距/mm	2.6	2.2	3.1
泌水量/mL	6.8	9.2	11.1
流值/mm	168	178	170
7d 抗压强度/MPa	0.58	0.45	0.39
28d 抗压强度/MPa	1.43	1.26	0.98

表 6.5　水灰比 0.58 下不同掺量粉煤灰基气泡轻质土指标

水灰比 0.58	粉煤灰掺量 10%	粉煤灰掺量 15%	粉煤灰掺量 20%
沉降距/mm	3.2	3.7	4.2
泌水量/mL	8.3	10.6	12.3
流值/mm	170	183	175
7d 抗压强度/MPa	0.52	0.42	0.36
28d 抗压强度/MPa	1.32	1.18	0.92

表 6.6　水灰比 0.6 下不同掺量粉煤灰基气泡轻质土指标

水灰比 0.6	粉煤灰掺量 10%	粉煤灰掺量 15%	粉煤灰掺量 20%
沉降距/mm	3.5	3.8	4.4
泌水量/mL	9.4	12.2	15.3

（续表）

水灰比 0.6	粉煤灰掺量 10%	粉煤灰掺量 15%	粉煤灰掺量 20%
流值/mm	180	188	179
7d 抗压强度/MPa	0.43	0.39	0.33
28d 抗压强度/MPa	1.16	1.08	0.86

1. 拌合物工作性分析

常规气泡轻质土技术指标满足条件为湿容重 500～700 kg/m^3，1 h 沉降距≤5 mm，泌水量≤25 mL，流值 180±20 mm，R_{28}≥1.0 MPa。

从表 6.4～表 6.6 中的数据能够看出，随着低级类粉煤灰掺量的增加，沉降距和泌水量也在增加，表明粉煤灰对发泡剂具有一定的消泡效应；随着低级类粉煤灰掺量的增加，流值呈现增加趋势，当低级类粉煤灰掺量超过 15%时，流值发生降低现象。说明流值控制粉煤灰基气泡轻质土的自流性和充填性，如果流值过大，粉煤灰基气泡轻质土的稳定性较差。随着水灰比的增大，粉煤灰基气泡轻质土的流值逐渐增加，抗压强度反而逐渐降低。

2. 气泡轻质土抗压强度分析

通过对粉煤灰基气泡轻质土的工作特性进行研究，分析不同配合比实验条件下气泡轻质土的 7d 抗压强度，结果如图 6.3、图 6.4 所示，随着水灰比 0.55～0.6 的变化，气泡轻质土的抗压强度也在逐渐降低。当增加低级类粉煤灰掺入量时，气泡轻质土早期强度比较缓慢。在低级类粉煤灰掺入量为 20%时，气泡轻质土 28d 抗压强度低于 1.0 MPa，不满足技术要求。

3. 气泡轻质土经济性分析

粉煤灰属于工业废料，同时作为良好的工程建设材料被广泛应用。经市场调研和价格对比，对粉煤灰基气泡轻质土开展经济性分析。选取纯水泥气泡轻质土、低级类粉煤灰掺入量为 10%及 15%等三种配合比条件下每 1m^{3}的成本核算。

经计算分析可知，在工作性能和耐久性均符合条件下，原材料成本可降低 13.46%；低级类粉煤灰掺入量为 15%时，原材料成本可降低 17.30%，见表 6.7。考虑现场拌合工艺和质量控制要求，综合经济效益可实现节约成本近 20%，具有明显的经济效益。同时可实现粉煤灰工业废料的再循环利用，减少环境污染，达到绿色生态、高效节能的效果。

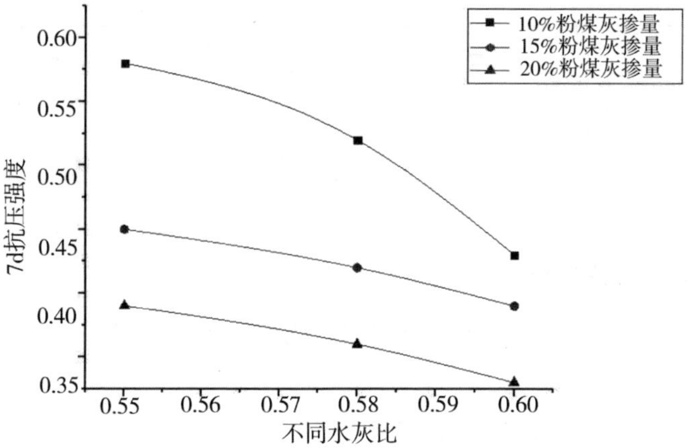

图 6.3　不同配合比实验条件下气泡轻质土的 7d 抗压强度

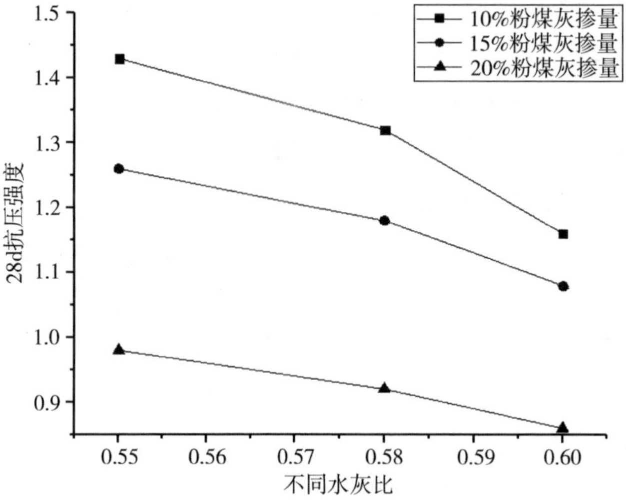

图 6.4　不同配合比实验条件下气泡轻质土的 28d 抗压强度

表 6.7　粉煤灰基气泡轻质土经济性分析

水灰比 0.6	纯水泥	低级类粉煤灰掺量 10%	低级类粉煤灰掺量 15%
每 $1m^3$ 成本控制/元	260	225	215

4. 结论

（1）基于粉煤灰的基气泡轻质土填筑具有高效节约、绿色循环等特点，依托具体工程项目，优选水泥、低级类粉煤灰、发泡剂及土体等材料进行配合比实验。

（2）随着低级类粉煤灰掺量的增加，沉降距、流值和泌水量均呈现增加趋势，当低级类粉煤灰掺量超过 15%时，流值发生降低现象。流值过大，粉煤灰基气泡轻质土的稳定性较差。随着水灰比的增大，粉煤灰基气泡轻质土的流值逐渐增加，反而抗压强度逐渐降低。

(3) 当低级类粉煤灰掺量在 20%以内时，抗压强度均随低级类粉煤灰掺入量的增大而增大，当低级类粉煤灰掺量超过 20%后，其抗压强度呈明显降低趋势。在低级类粉煤灰掺量为 15%时，粉煤灰气泡轻质土各项物理力学指标均达到最优状态，经济效益显著。

6.2.3 气泡轻质土施工工艺原理

普通填土施工的软基沉降主要由应力变化造成。软基在附加应力的作用下，超过孔隙水压力时会出现消散现象，导致软土中的水不断排出而出现软土体积缩小的现象，最终导致发生沉降。据统计，气泡轻质土的容重是一般填土的 1/3～1/2，如果采用气泡轻质土回填路基过渡段，则地基附加应力远小于普通填土的附加应力，因此可以有效避免施工后沉降现象的发生。气泡轻质土材料相对于其他路基填料具有强度高、压缩性低、刚度大的优势，采用气泡轻质土材料作为路基回填材料能够有效改善桥头跳车现象。在路基回填施工时，需要采用纵向填厚渐变技术，即回填土呈现远薄近厚的台阶状排列，以达到回填段沉降曲线平缓的效果，回填土与桥头搭板进一步合理配合，最终可以避免桥头跳车现象的发生。

6.2.4 气泡轻质土工艺流程

1. 施工前的准备工作

在公路桥梁路基回填气泡轻质土施工前，需要根据设备生产能力、工期等合理规划浇筑区和浇筑层，做好施工前的规划工作。根据设计图纸实施路基回填段的路基开挖工作，清除浇筑区内基底的杂物，保证浇筑区基底无积水和松散软土，同时对基底土层进行碾轧处理，压实度需要超过 80%。根据浇筑区的规划，安装固定临时模板，由于气泡轻质土具有较好的流动性，因此需要保证临时模板拼装紧密，避免出现漏浆现象。

(1) 台阶开挖施工。施工单位需要参照施工方案中的尺寸要求进行放样，首先进行桥头部位近 10m 距离的开挖施工。在桥头浇筑结束后，再对远离桥头 10m 部位进行开挖施工。如果施工部位存在陡坡段，施工单位需要确保开挖施工的宽度超过 2m。与此同时，为了保障排水的流畅性，施工单位需要在台阶部位设置相应的排水横坡，避免气泡混合轻质土沿着陡坡出现滑移现象，影响其施工效果。排水横坡倾斜率需要控制在1%以内。在机械开挖施工结束之后，施工人员需要对松散基底进行全面的清洁，避免气泡混合轻质土在浇筑过程中出现下沉问题，保障软土路基的稳定技术施工的安全。

（2）预制面板的支立。施工人员需要根据放样边线控制桩点的位置，利用角钢作为竖向支撑的连接部位，按照6cm的厚度进行水泥预制块砌筑竖向侧墙的施工，应用预制块中将预埋钢筋和角钢进行连接，并利用水泥净浆将相邻预制块间的缝隙进行填充，确保预制面板侧模作用的充分发挥，在实际施工过程中，侧墙的高度会在气泡混合轻质土的浇筑过程中不断增加，施工人员需要确保过程中不出现错台或漏浆问题，以此提升预制面板的平整度及整洁度。

（3）铺筑碎石底层及土工布。在台阶开挖及预制面板支立施工结束后，施工单位需要铺筑厚度为30cm的碎石垫层，采取人工摊铺的方式，保障碎石垫层的平整度。在该项目中，施工单位选择的碎石规格为1～3cm，含泥量也符合施工标准要求。在碎石底层铺筑完成后，需要在其顶底、侧面和斜坡面进行土工布的铺设，要求相邻土工布间的搭接宽度超过10cm，并在气泡混合轻质土的顶层进行1m左右的反包处理，保障施工的质量。

2. 泡沫生成和水泥浆制备

泡沫生成和水泥浆制备是粉煤灰基气泡轻质土制作过程中的两个重要步骤，具体如下：

（1）泡沫生成：先对发泡剂进行稀释，然后通过加压缩空气后的发泡机生成。在制作前需要对发泡剂进行稀释，需要注意的是，原始发泡液不可以直接加入发泡机。

（2）水泥浆制备：水泥浆主要由拌和站提供，因为所需水泥浆的含水量要远大于混凝土中的含水量，所以拌和站在确定用水量时最好采用流量而不是重量进行计量，以避免因计量水的重量而浪费过多时间。气泡轻质土制备中对水泥强度要求不是特别高，不过在制备过程中一定要先进行消泡处理，避免水泥浆湿密度增加率达不到要求。水泥浆的制备需要连续进行，防止出现浇筑过程中发生局部消泡和初凝现象，从而影响整体的施工质量。水泥浆在运送至浇筑现场后还需要对其进一步搅拌，确保水泥浆均匀，避免出现沉积现象，还应在出料口处放置过滤网，避免出现大颗粒堵塞泵管。在浇筑施工中，还需要对每车的水泥浆重量进行检测，进而保证水泥浆的质量。

3. 气泡轻质土的生成

生成气泡轻质土只要将气泡加压后与水泥浆进行充分混合即可。在浇筑过程中每次使用机器都需要对参数进行重新调整，从而保证气泡轻质土的湿密度和流量符合施工要求。

4. 现场浇筑

拌合并运输气泡混合轻质土，施工人员需要严格按照气泡混合轻质土的配合比进行拌合，利用发泡枪进行压缩空气、稀释水及发泡剂的混合，形成施工所需的气泡；利用搅拌机将水泥、水及外加剂拌合为水泥浆；最后将气泡和水泥浆进行混合，形成气泡混合轻质土，由高压泵进行输送，进行下一步的浇筑施工。在拌合过程中，施工人员主要通过容重的控制，来保障气泡混合轻质土的强度。通常来说，用于路基回填施工的气泡混合轻质土容重在5kN/m^{3}左右，设计强度在0.8MPa左右。在上述工程施工中，施工单位采用蛇形泵及承压胶管完成气泡混合轻质土的运输，泵送距离最高可达500m。但是根据施工现场的实际状况，气泡混合轻质土的泵送距离在200m以内。

气泡混合轻质土的浇筑，在浇筑过程中，气泡混合轻质土需要在路堤纵向10m的位置，进行横向沉降缝的设置，沉降缝的宽度为2cm，通过夹板进行沉降缝的填充。在路堤底面纵向部位，施工单位需要采用分段施工方法，将施工部位进行台阶状连接，台阶具体的位置和高度由设计图决定。路堤底面横向部位需要设计为水平状，提高施工的便捷性。与此同时，由于气泡混合轻质土具有良好的流动性，在施工结束后可以固化，不需要采取振捣或者机械碾轧处理，也不需要进行维护。大量实践经验表明，气泡混合轻质土需要采取分层浇筑施工方式，每一层的浇筑厚度需要控制在0.25～0.8m，并且要在天气晴朗的情况下进行气泡混合轻质土的浇筑，避免在雨天施工，进而保障气泡混合轻质土的质量。现场浇筑工艺主要分为以下几步：

（1）设定气泡轻质土单层浇筑厚度，一般需要将厚度控制在0.5～1.0m，在实际施工中，若无特殊要求一般以每层68cm最佳。同一浇筑区段上下相邻的浇筑层需要控制好浇筑时间间隔，当施工现场温度在15℃及以上时，时间间隔需要在8～12h；当现场温度低于15℃时，浇筑时间间隔应不少于两天。

（2）在施工中要注意分区模板安装的牢靠性，为此需要用塑料布密封浇筑区间，避免出现气泡轻质土沿缝隙渗流的现象。

（3）将气泡轻质土单个浇筑区与浇筑层的浇筑时间控制在所需水泥浆的初凝

期内，并且上层浇筑层的浇筑施工需要在下层浇筑层终凝后进行。

（4）在浇筑过程中尽量沿浇筑长轴方向从一端向另一端浇筑，若采用多条浇筑管进行浇筑，则可并排地从一端开始浇筑，或使用对角浇筑的方式施工。

（5）在浇筑时如果需要移动浇筑管，沿浇筑管方向前后移动，尽量避免左右移动。如果必须进行左右移动，则需要先将浇筑管从当前已浇筑的轻质土表面提出后再进行移动。

（6）对轻质土表面扫平时需要保持浇筑口水平，尽量使浇筑口与所浇筑的表面保持水平。为避免对浇筑质量造成影响，不可在已浇筑且尚未固化的轻质土表面随意走动。

（7）应尽量减少环境破坏问题，不要对附近居民造成打扰，也不要对交通的正常运行造成影响，必须文明施工、安全工作，应加强施工人员安全意识教育，健全相应管理体制。

6.3 气泡混合轻质土在路基回填中的应用效果分析

6.3.1 气泡混合轻质土路基回填设计

根据《气泡混合轻质土填筑工程技术规程》（CJJ/T 177—2012）的规范要求，气泡混合轻质土填筑路基湿容重取值为 600kg/m^3，强度取值为 1.0MPa，流动度取值为 180mm（+20mm）。由于该路段地基地下水位不高，为防止气泡混合轻质土过量吸水而导致其性能下降，需提前对气泡混合轻质土做好防渗设计，可采用防水土工布包裹，搭接宽度为 35cm，同时对接缝处进行密封。路基与气泡混合轻质土的搭接处设计高度为 1.2m、宽度为 1.5m 的台阶，路基两侧边缘设计高度为 1.2m、宽度为 0.75m 的台阶，以确保气泡混合轻质土与路基衔接良好。路基回填断面设计如图 6.5 所示。

6.3.2 气泡混合轻质土性能分析

1. 配合比设计

实验所用原材料主要包括水、P·O42.5R 型水泥、TYFPJM－C25 型发泡剂和 TYWJJM－C35 型外加剂，按照一定比例进行混合制备满足设计要求的气

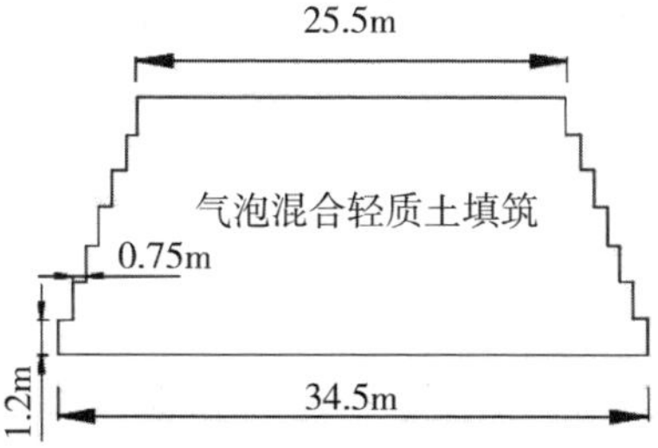

图 6.5　路基回填断面设计

泡混合轻质土试件，并对试件进行性能检测，测得其流动度为190mm，湿容重为 608 kg/m^3，28d 抗压强度为 1.2MPa，性能指标均满足规范要求。气泡混合轻质土配合比设计为水泥 350kg、发泡剂42kg、外加剂 4kg、混合水 189kg。

2. 性能分析

1）力学性能

为检测气泡混合轻质土的力学性能，在施工过程中需随机留样检测，测试试件尺寸为 100mm×100mm×100mm，针对气泡混合轻质土试件 7～180d 周期的无侧限抗压强度进行分析，结果如图 6.6 所示。

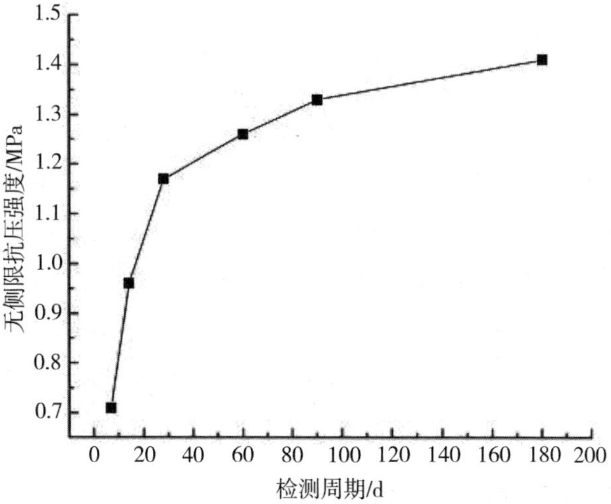

图 6.6　不同周期的抗压强度变化曲线

由图 6.6 可知，随着检测周期由 7d 增至 180d，气泡混合轻质土的无侧限抗压强度呈不断增大趋势，其中气泡混合轻质土周期 7～28d 的无侧限抗压强度增幅比较显著，增幅达 64.8%，而气泡混合轻质土周期 28～180d 的无侧限抗压强度增幅相对较小，增幅为20.5%，原因是气泡混合轻质土内部水泥在28d周期内水作用较大，强度增幅明显，超过28d周期后水泥水化作用逐渐下降，强度增幅随之减小，但最终气泡混合轻质土的无侧限抗压强度达到了1.41MPa，满足该工程所需的规范设计要求。

2）水稳定性能

为检测气泡混合轻质土的水稳定性能，分别计算气泡混合轻质土试件7～180d周期的水稳定系数，结果如图6.7所示。

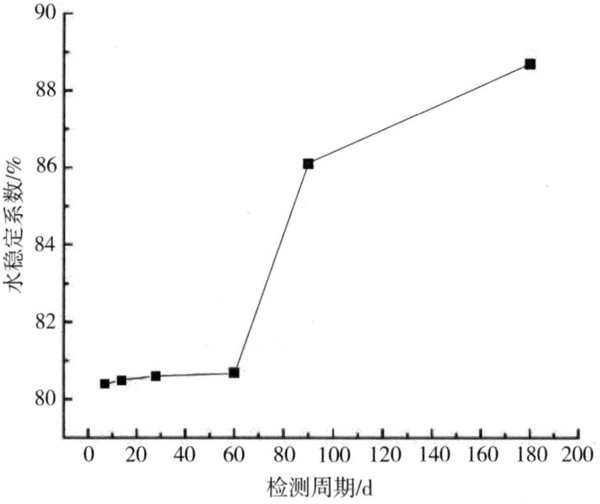

图6.7　不同周期的水稳定系数变化曲线

由图6.7可知，随着检测周期由7d增至180 d，气泡混合轻质土的水稳定系数呈逐渐增大趋势，其中气泡混合轻质土周期7～60 d的水稳定系数增幅较小，可忽略不计，而气泡混合轻质土周期60～180 d的水稳定系数增幅相对明显，增幅约10%，说明气泡混合轻质土泡水周期越长，其水稳定系数就越高，但考虑到气泡混合轻质土自身湿容重较大，泡水后会降低其无侧限抗压强度，因此在施工阶段还需做好防水设计。

6.3.3 监测方案设计与分析

1. 方案设计

为研究气泡混合轻质土在路基回填中的实际效果，在施工过程中提前预埋土压力盒和沉降管，针对路基地基土压力（1～2号土压力盒）、路基侧压力（3～6

号土压力盒）及路基地基与路基的沉降量（A、B 沉降管）进行长期监测，预埋位置如图 6.8 所示。

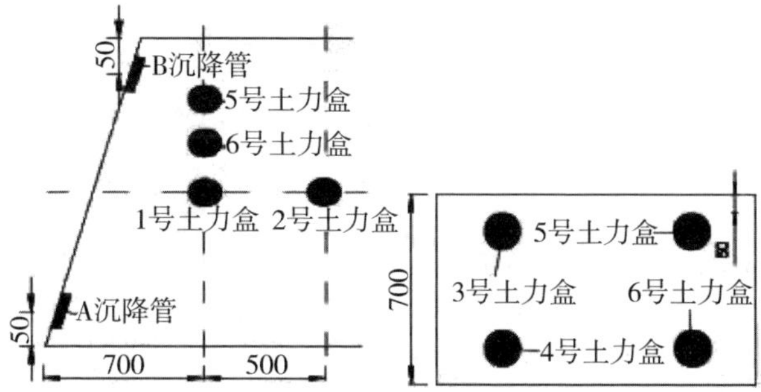

图 6.8　土力盒及沉降管埋设位置

2. 结果与分析

1）路基地基土压力

路基施工完成后，针对 1、2 号土压力盒数据进行监测，定期采集土压力盒实时数据，周期为每月 1 次，汇总后得到路基地基土压力变化曲线如图 6.9 所示。

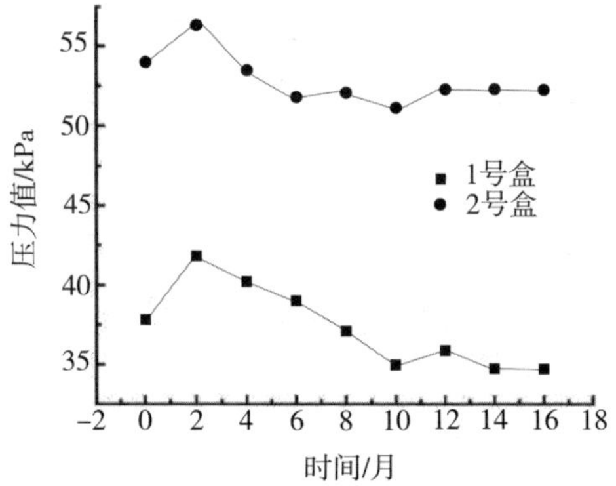

图 6.9　路基地基土压力变化曲线

由图 6.9 可知，路基地基 1 号位置的土压力要大于 2 号位置，原因是 1 土力盒的埋设位置靠近地基边缘，而 2 号土力盒靠近地基中心位置。路基地基 1、2 号位置的土压力随着时间的推移均呈先增后减，最后逐渐趋于稳定的趋势变化，原因是路基浇筑过程中荷载会不断增大，浇筑完成后气泡混合轻质土中的水泥由于水化作用自重下降，其压力值也会随之减小。路基地基 1、2 号位置的最大土压力值分别为41.8 kPa和 56.3 kPa ，远远小于原地基测得的最大承载力 100

kPa，由此说明该地基的实际承载力足以支撑路基所需荷载，证明采用气泡混合轻质土进行路基回填的设计方案具有可行性。

2）路基侧压力

路基施工完成后，针对3～6号土压力盒数据进行监测，定期采集土压力盒实时数据，周期为每月1次，汇总后得到路基侧压力变化曲线，如图6.10所示。

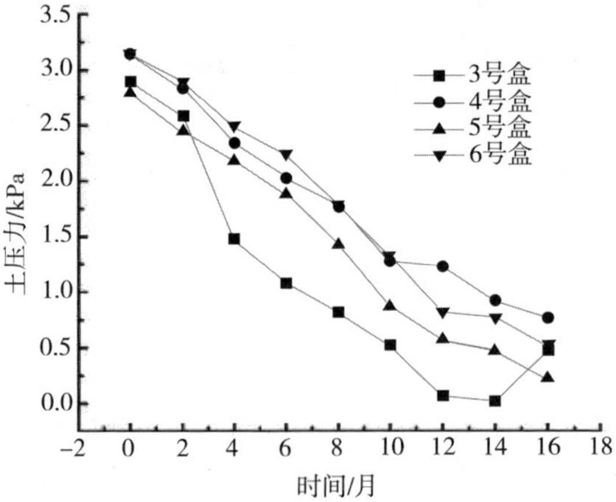

图6.10　路基侧压力变化曲线

根据图6.10可知，路基侧3、5号位置的压力值要大于4、6号位置，原因是3、5号土力盒的埋设位置靠近地基顶部，而4、6号土力盒靠近地基底部。路基侧3～6号位置的土压力随着时间的推移均不断减小，最后逐渐趋于稳定的趋势，原因为气泡混合轻质土产生水化作用后，内部结构完成固化，不再对路基侧部产生压力。路基侧3～6号位置的最大土压力值分别为2.89kPa、3.14 kPa、2.79 kPa和3.14 kPa，4个位置的最大路基侧压力均较小，基本不会对路基侧产生较大影响，由此说明该地基采用气泡混合轻质土进行路基回填可以满足路基侧压力的设计要求。

3）路基及地基沉降量

路基施工完成后，针对A、B号管沉降情况进行监测，并每月定期记录1次沉降值，汇总后得到沉降值变化曲线，如图6.11所示。

由图6.11可知，路基、地基沉降管的沉降值均随着时间在0.01～0.22mm范围内波动，路基A沉降管最大值和最小值分别为0.01mm和0.22mm，地基B沉降管最大值和最小值分别为0.02mm和0.22mm，说明路基与地基的沉降变化基本一致。路基A沉降管的最终沉降值为−0.12mm，地基B沉降管的最终沉降值为0.21mm，且在监测时间内路基和地基达到的最大沉降值均为0.22mm，这说明在监测时间内路基与地基均未发生较大沉降差异。综合来看，采用气泡混合轻质土进行路基回填，不会产生路基变形以及地基沉降过大的问题，可以保障路基的安全稳定性。

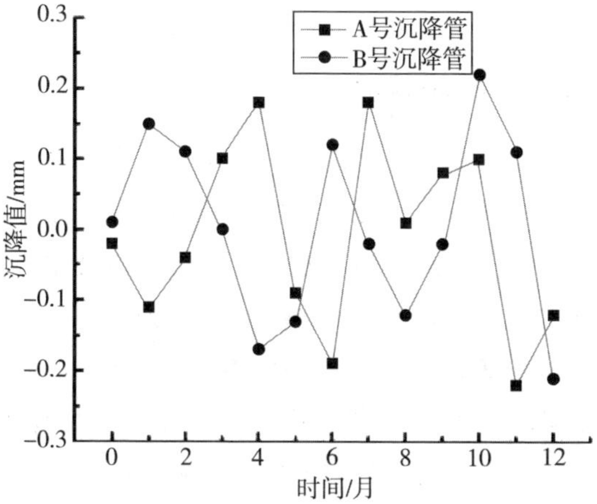

图 6.11　路基、地基沉降变化曲线

本研究通过配合比设计以及监测方案设计，针对气泡混合轻质土的力学性能、水稳定性能、路基地基土压力、路基侧压力及沉降情况进行分析，得到以下主要结论：①气泡混合轻质土的无侧限抗压强度与水稳定系数均会随着时间推移不断增大，但气泡混合轻质土自身湿容重较大，泡水后会降低其无侧限抗压强度，因此在施工阶段要做好防水设计。②路基地基的最大土压力值为 56.3kPa，远远小于原地基测得的最大承载力 100kPa，由此说明该地基的实际承载力足以支撑路基所需的荷载要求。③路基侧最大土压力值为 3.14kPa，4 个位置的最大路基侧压力均不会对路基侧产生较大影响，说明该地基采用气泡混合轻质土进行路基回填可以满足路基侧压力的设计要求。④路基、地基沉降管的最终沉降值分别为－0.12mm、－0.21mm，且在监测时间内路基与地基均未发生较大沉降差异，说明气泡混合轻质土进行路基回填不会出现路基变形及地基沉降过大的问题。

6.4 公路桥梁路基回填气泡轻质土质量控制措施

6.4.1 做好气泡轻质土的保护措施

在浇筑时如果遇到大雨或持续降雨，需要对尚未固化的轻质土层采用遮雨措施加以保护，避免出现雨水消泡的现象。气泡轻质土浇筑硬化成型后，当其强度尚未达到设计强度时，不可投入使用。施工人员需要使用塑料薄膜覆盖路床部位浇筑完成的气泡轻质土。要做好保湿养护工作，气泡轻质土浇筑完成后应保养7天以上。在气泡轻质土路基施工后，要在保养强度达到0.4 MPa及以上时方可进行路面施工，且在路面施工时应尽量避免大型机器对气泡轻质土的局部碾轧，需要按照“一边推平，一边卸料”的方式摊铺和碾轧。

6.4.2 做好压实质量控制

气泡轻质土的压实质量控制可以参考桥台、桥涵背后、涵洞顶部的填土压实度指标，保证数值一致。要做到层层压实，每层的压实度都应保持均匀，从而避免不均匀沉降现象的发生。应使用大吨位压路机进行碾轧，但振动力不宜过大，否则会损害路基结构，如果压路机无法施工，则使用冲击夯进行夯实。压实宽度比设计宽度超过10 cm，压实度要满足设计规范要求，保证每层表面平整，路拱设置合理。

6.5 本章小结

（1）分析对比了水泥、水玻璃等常规注浆材料及新型注浆材料（气泡轻质土）的注浆加固效果。

（2）发明了注浆与轻质回填新材料。

「7」 公路工程路基病害探查及治理典型工程

通过路基沉降综合探查技术可以查明路基病害，并指导开展针对性注浆治理，气泡混合轻质土的研发提供了有效的注浆治理材料，本章将通过日照（岚山）至菏泽公路枣庄至菏泽段工程、济南市黄河公路大桥项目对路基灾害探查及灾害治理效果进行实践，验证本书体系的有效性。

7.1 日照（岚山）至菏泽公路枣庄至菏泽段工程

7.1.1 工程概况

日照（岚山）至菏泽公路枣庄至菏泽段工程四分部起讫桩号为 K71＋300－K86＋750 段，如图 7.1 所示，全长为 15.45km，公路设计标准为双向四车道高速公路，路基宽为 27m，设计速度为 120km/h。起于鱼台县与金乡县境内，分部大部分位于济宁市金乡县化雨镇、王丕镇和兴隆乡。主要项目为路基、路面、桥梁、涵洞、金乡东互通和金乡服务区，路基回填为 125 043.022m^2。

K77＋609 X035 分离立交左幅 0＃路基、右幅 0＃路基和 K83＋583X037 分离立交左幅 0＃路基、右幅 0＃路基、左幅 3＃路基、右幅 3＃路基共计 6 处。路基出现回填土沉降现象，会直接导致桥台搭板产生拉应力，最终引起裂缝病害问题，如图 7.2 所示。

7.1.2 路基病害探查

现场探察布置雷达测线如图 7.3 所示，通过上述雷达探测技术得到如下检测结果。

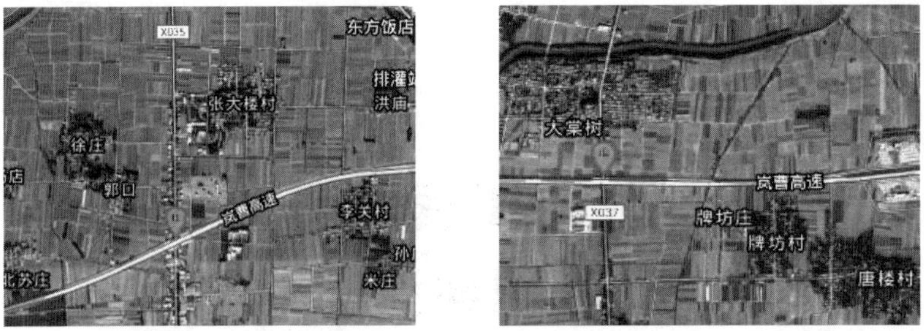

图 7.1　地理位置

图 7.2　路基搭板裂缝病害

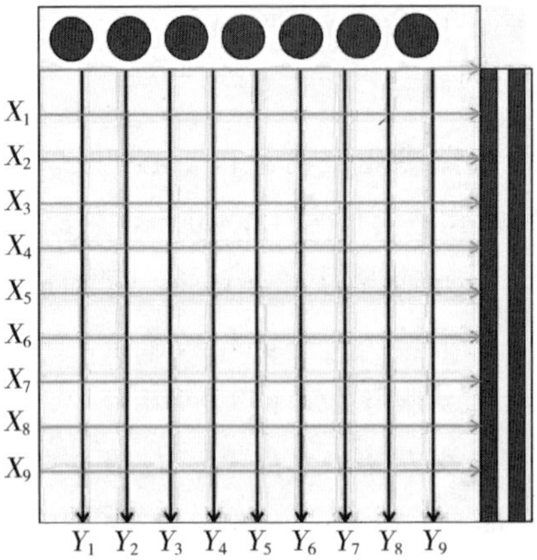

图 7.3　测线布置示意图

(1) X_2 测线：埋深 1m 处多处脱空，疑似密实回填土层以下缺陷，如图 7.4 所示。

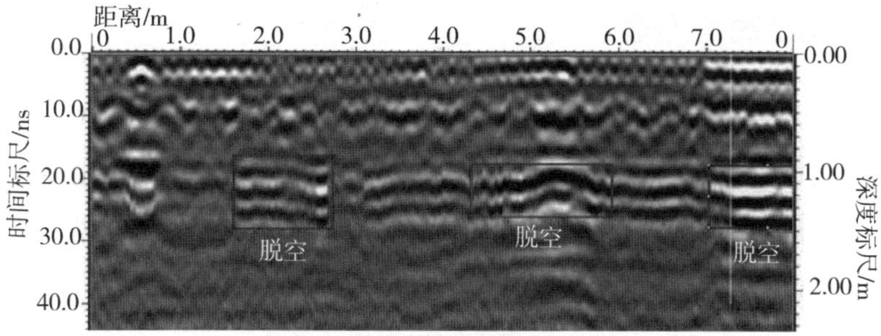

图 7.4 X_2 测线雷达检测图

（2）Y_3 测线，1m 埋深处，存在相对轻的脱空层，如图 7.5 所示。

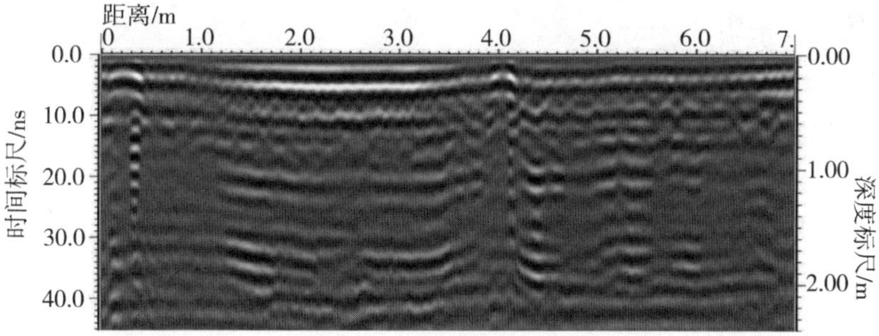

图 7.5 Y_3 测线雷达检测图

（3）Y_5 测线，埋深 70cm 处 1 处脱空/1 处不密实，疑似素填土层下出现缺陷，如图 7.6 所示。

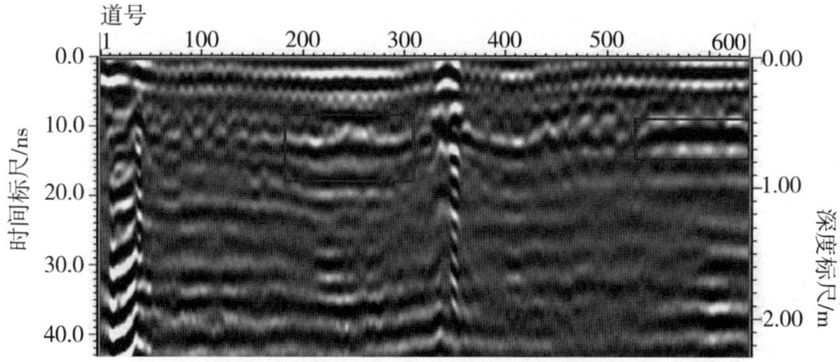

图 7.6 Y_5 测线雷达检测图

7.1.3 路基病害治理

1. 注浆充填加固方案

根据现场施工条件和注浆工艺综合分析，本项目路基回填土沉降注浆加固可采用“垂直钻孔＋单液注浆”。即在桥台搭板上按照梅花形布置钻孔，在搭板路面垂直钻孔，下注浆管后一次注浆完成，目的是提高回填土强度，同时使路基回填土与桥台搭板接触更密实，达到路基的正常使用要求。

2. 注浆参数

根据现场实际情况和注浆加固区域特点，具体注浆参数如下。

1）注浆孔孔径

注浆孔孔径采用 ϕ24mm。

2）扩散半径

对于浅层地表土体注浆时，浆液扩散半径计算公式为

$$R = 2\sqrt{\frac{t}{n}\sqrt{\frac{Kvhr_0}{d_e}}} \tag{7.1}$$

式中：t——注浆时间，取 600 s；

n ——土体孔隙率，取 2.8%；

K ——土体渗透系数，取 $1\times e^{-8}$cm/s；

v ——水泥浆液运动黏滞系数，取 $1\times e^{-6}$Pa · s；

h ——注浆压力，取 1MPa=e^4cm；

r_0——注浆孔半径，取 1.2cm；

d_e ——土体孔隙的有效粒径，取 0.5cm。

代入计算公式可得：R =1.2m。为保证注浆加固采用注浆扩散半径为 1.0m。

3）注浆孔间距

根据《建筑地基处理技术规范》（JGJ 79—2012），8.2.1 条可知：

当水泥为主剂的注浆加固设计，注浆孔间距宜取 1.0～2.0m。为节约注浆材料和保证注浆加固效果，注浆孔间距采用 2.0m。

4）注浆材料

注浆材料采用强度等级为 P · O 42.5R 级的普通硅酸盐水泥，水泥浆水灰比为 0.8∶1，为了减小浆液凝固时间，提高浆液早期强度，可加入 40Be 水玻璃，

掺入量为水泥浆液的1%～2%。

5）注浆顺序

垂直注浆孔为跳孔间隔注浆按自下而上顺序注浆。

6）注浆压力

对于路基回填土地基注浆加固属于充填注浆和压密注浆，注浆压力为1.0～2.0MPa。当采用水泥水玻璃双液时，注浆压力应不大于1.0MPa。

3. 注浆孔布置

注浆孔布置如图7.7、图7.8所示。

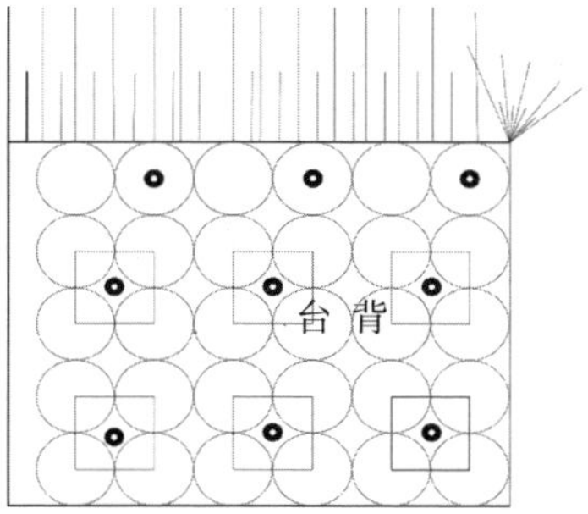

图7.7　K77＋609X035分离立交0＃台路基注浆平面图

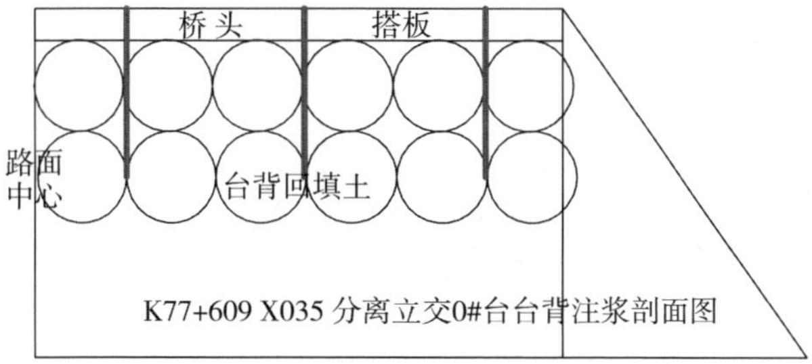

图7.8　注浆孔布置图

4. 现场工艺

1）钻孔设备

现场钻孔采用Y系列手持式凿岩机，也称Y风钻，参数如表7.1、表7.2所示。Y系列手持式凿岩机的耗气量小、噪声小、效率高、操作灵活、经济效果好。Y系列手持式凿岩机能在各种岩石、建筑物上钻凿20～24 mm的孔。Y系列手持式凿岩机是采石工业和建筑行业开采和施工的一种小型凿岩机械，特别在大理石和花岗石上进行使用。

Y 型手持气腿式两用凿岩机主要用于小型采石场石方开拓，煤矿、石灰石矿等小矿山开采作业，山区筑路中凿岩爆破，以及农田水利建设。该机还适用于大型矿山的二次爆破及其他工程建设等方面的凿岩工作，钻孔现场如图 7.9 所示。

表 7.1　Y 系列凿岩机

品牌汇业	型号 Y19
产品别名：气动凿岩机	适用范围：矿山，煤矿，水利，修路
凿孔直径：22mm	凿孔深度：8m
凿孔速度：320mm/min	冲击能量：36

表 7.2　技术参数

型号	Y8	Y18	Y19	Y20	Y26
机重/kg	8	18	19	20	26
机长/mm	594	600	604	610	618
缸体直径/mm	65	65	65	65	65
活塞行程/mm	54	54	54	54	54
工作气压/MPa	0.45	0.45	0.45	0.45	0.45
气管内径/mm	19	19	19	19	19
水管内径/mm	13	13	13	13	13
钎尾规格/mm	B22 * 108	B22 * 108	B22 * 108	B22 * 108	B22 * 108

2）注浆设备

现场注浆设备（见图 7.10）采用 ZNYJ－Ⅱ型智能压浆台车，参数如图 7.11 所示，可满足现场压浆需要。

（1）压浆前应清除梁体孔道内的杂物和积水。

（2）压浆前，应采用密封罩或水泥浆等对锚具夹片空隙和其他可能漏浆处封堵，待封堵料达到一定强度后方可压浆。

（3）压浆顺序先下后上。

（4）浆体压入梁体孔道之前，应首先开启压浆泵，使浆体从压浆嘴排出少许，以排出压浆管路中的空气、水和稀浆。当排出的浆体流动度和搅拌罐中的流动度一致时，开始压入梁体孔道。

图 7.9　钻孔现场

图 7.10　现场注浆设备

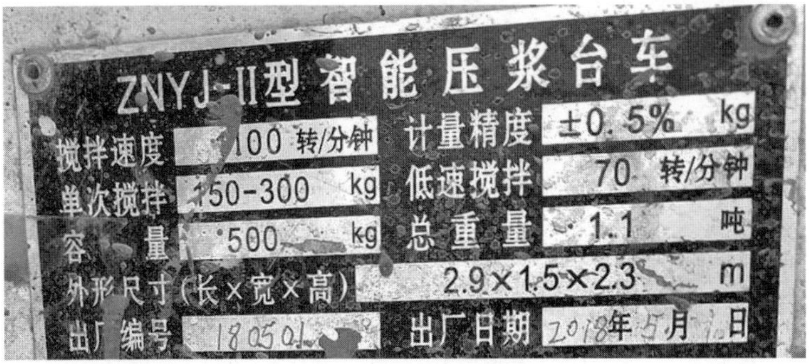

图 7.11　ZNYJ－Ⅱ智能注浆台车参数

5. 应用效果

结合探测要求，在路基上按照路基尺寸均匀布置测线，具体测线位置如图 7.12、图 7.13 所示。

根据本次探测，注浆完成后路基搭板以下注浆范围内原来存在的不密实区域基本消失，搭板与底层接触良好，达到了注浆处理加固的目的。部分测线布置于钻孔附近，能够清晰看到浆液扩散现象，表明了浆液扩散效果良好，本次注浆效果较好。

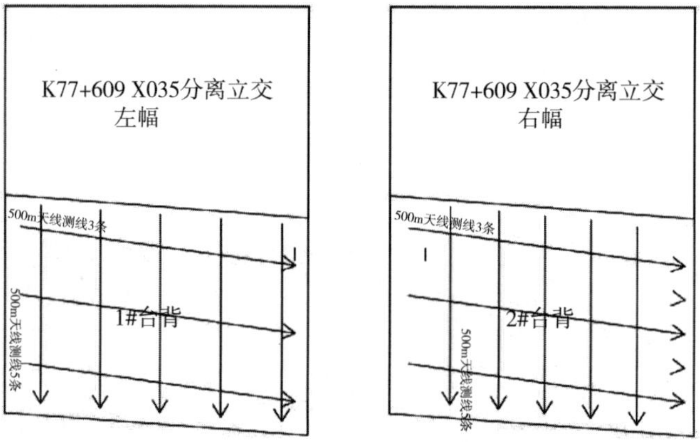

图 7.12　K77＋609 X035 分离立交探地雷达测线布置示意图

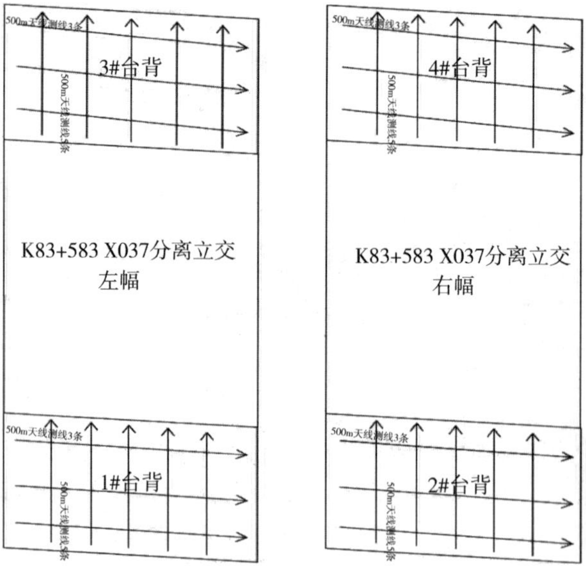

图 7.13　K83＋583 X037 分离立交探地雷达测线布置示意图

7.2 济南市黄河公路大桥项目

7.2.1 工程概况

项目位于济南市历城区和动能转换先行区，起点位于历城区济华路与二环东路平交口以南约 500 m，现状二环东高架第 22 号桥墩处，通过改建零点立交与济广高速相交，向北以高架桥形式延伸，在既有 G104 济南黄河公路大桥下游新建一座公路大桥跨越黄河，出黄河北上大堤后分出一对螺旋匝道以叶形立交形式落地接 G104，主线继续向东北方向以桥梁形式延伸，止于与 G220 平面交叉口，项目主线总长约 7.748 km。

拟建新桥位于原黄河公路大桥东侧，新桥 93＃墩基坑顶部标高＋27.15 m，基底标高＋19.45 m，基坑开挖深度 7.7 m。基坑采用桩＋型钢内支撑的支护形式，支护桩分为两种，靠近桥台锥坡位置采用直径为 0.8 m 的灌注桩支护，其余位置采用钢板桩，灌注桩桩长 27.6m，钢板桩桩长 12 m。基坑内部共设两道钢支撑，第一道钢支撑标高＋26.65 m，第二道钢支撑标高＋24.35 m。坑支护设计详见设计方案。拟建新桥 93＃墩附近老桥桥台基础形式为桩基础，93＃墩对应老桥桥台基础埋深2.1 m，老桥承台尺寸 18.88 m×5.4 m×1.5 m（长×宽×高），承台下共有 8 颗基桩，基桩桩长 40 m，相邻桩中心间距 5.56 m，承台上部桥墩高度 8.2 m，老桥桩基及桥墩细部尺寸详见老桥图纸。拟建新桥 93# 墩西侧为原济南市黄河公路大桥，93# 墩，现状情况如图 7.14 所示。

图 7.14　项目位置及新桥 93# 墩西侧老桥现状图

7.2.2 路基病害探查

1. 雷达探测测线布置及结果

Mala 100MHz 天线从黄河公路大桥桥面布置 5 条测线，如图 7.15 所示，分别命名为桥面测线一、桥面测线二、桥面测线三、桥面测线四、桥面测线五，测线总长度为 84.8 m；南北侧边坡各布置两条测线，分别命名为北侧边坡测线一、北侧边坡测线二、南侧边坡测线一、南侧边坡测线二，总长度为 31.4 m。

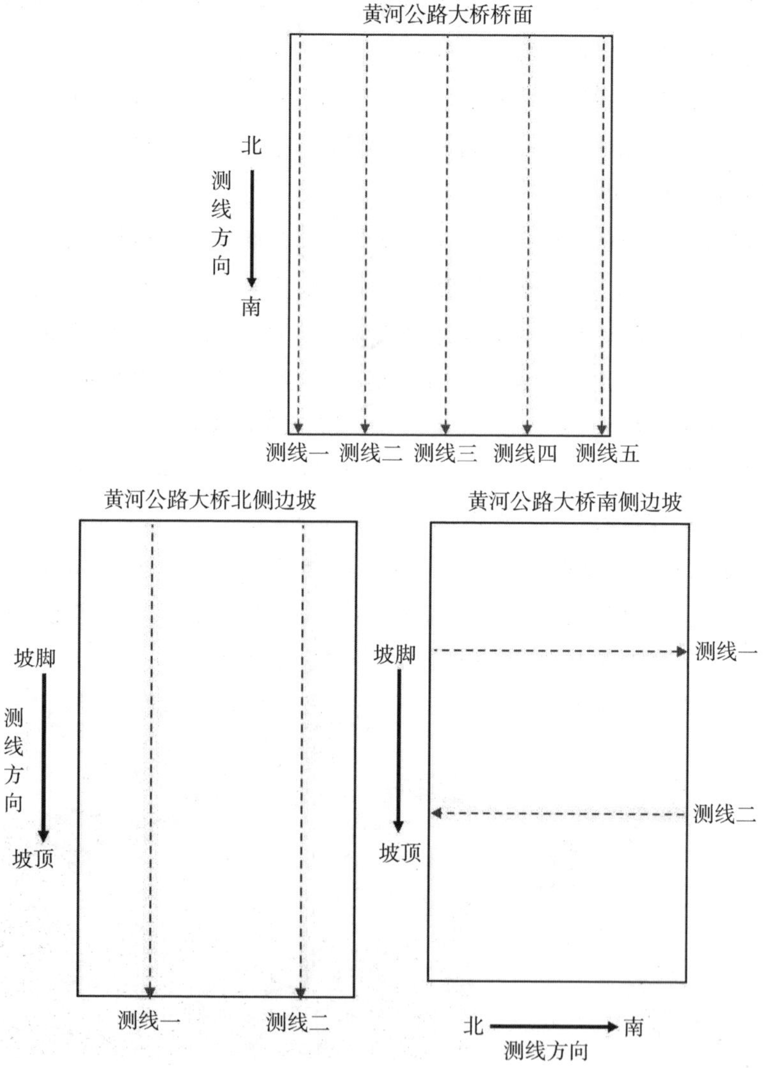

图 7.15 测线布置示意图

通过上述雷达探测技术得到路基及锥坡缺陷统计表和统计图，如表 7.3 和图 7.16～图 7.24 所示。

表 7.3　MALA 雷达路基及锥坡缺陷统计（黄河公路大桥南桥头）

缺陷统计表（检测方向：黄河公路大桥南桥头由北向南方向）			
缺陷里程/m	缺陷深度范围/m	缺陷类型	雷达图像编号
桥面测线一 1.5～3.5	0.4～0.7	松散	图 7
桥面测线一 6.8～8.2	0.4～0.9	松散	图 7
桥面测线一 14.8～18.2	0.4～0.7	松散	图 7
桥面测线三 0.2～2.4	0.25～0.75	不密实	图 9
桥面测线三 1.5～2.4	1.0～1.75	不密实	图 9
桥面测线五 6.8～9.2	0.05～0.8	不密实	图 11
桥面测线五 7.1～9.2	1.4～2.0	不密实	图 11
北侧锥坡测线一 5.5～5.8	0.8～1.8	不密实	图 12
南侧锥坡测线一 6.5～7.5	0.05～0.5	不密实	图 14
南侧锥坡测线一 7.8～9.7	0.2～0.8	不密实	图 14
南侧锥坡测线二 0.4～1.3	0.2～0.6	松散	图 15
南侧锥坡测线二 2.6～4.8	0.1～0.75	松散	图 15

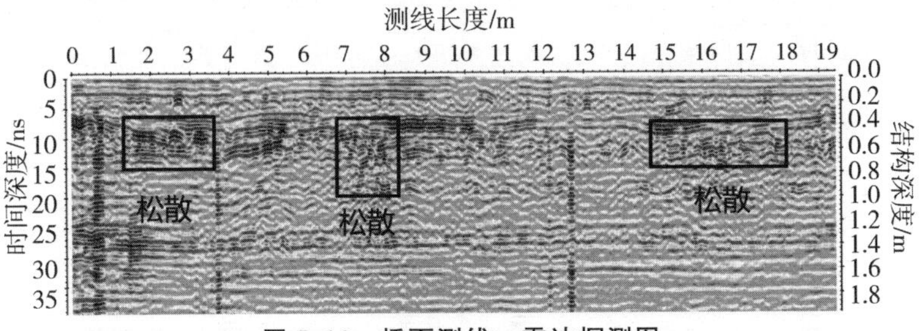

图 7.16　桥面测线一雷达探测图

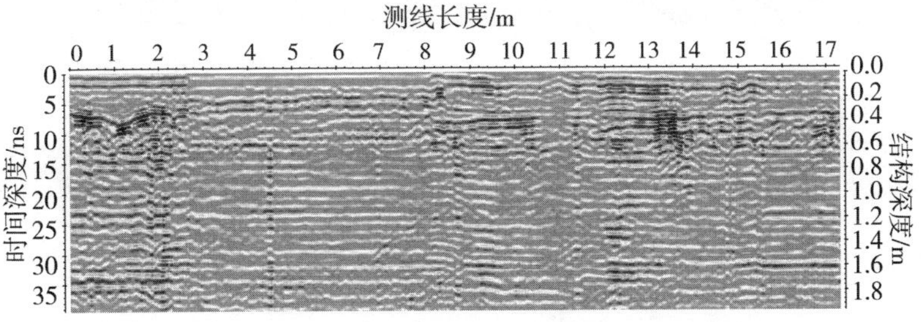

图 7.17　桥面测线二雷达探测图

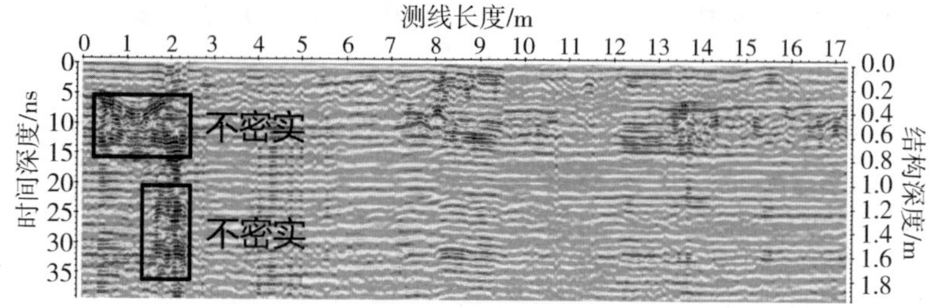

图 7.18　桥面测线三雷达探测图

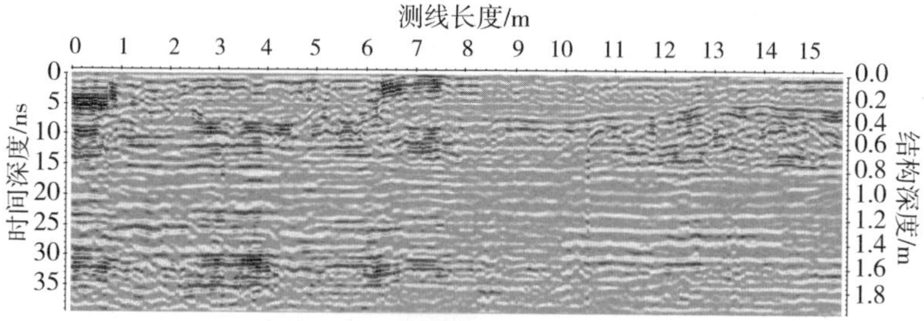

图 7.19　桥面测线四雷达探测图

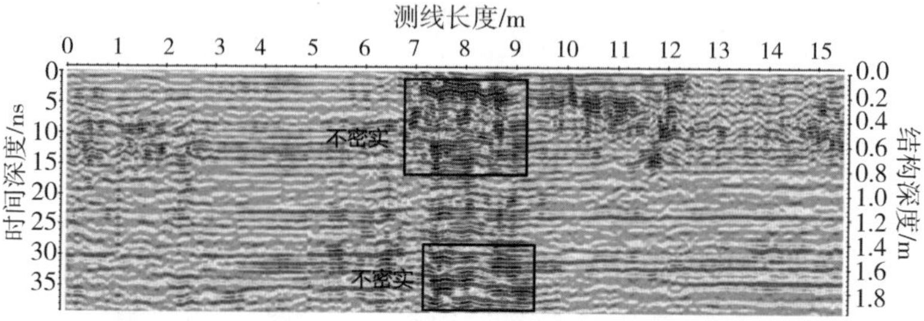

图 7.20　桥面测线五雷达探测图

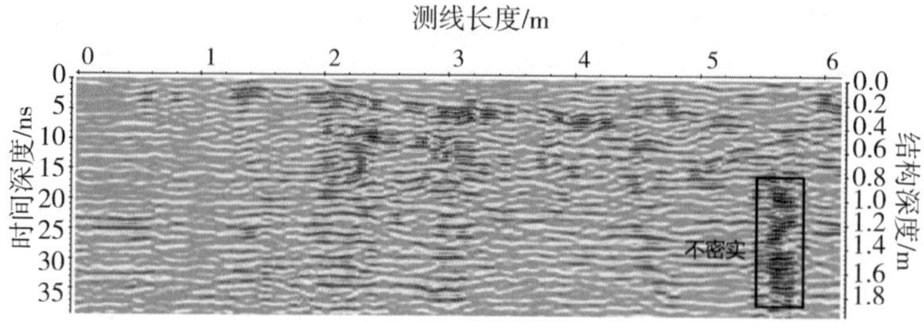

图 7.21　北侧锥坡测线一雷达探测图

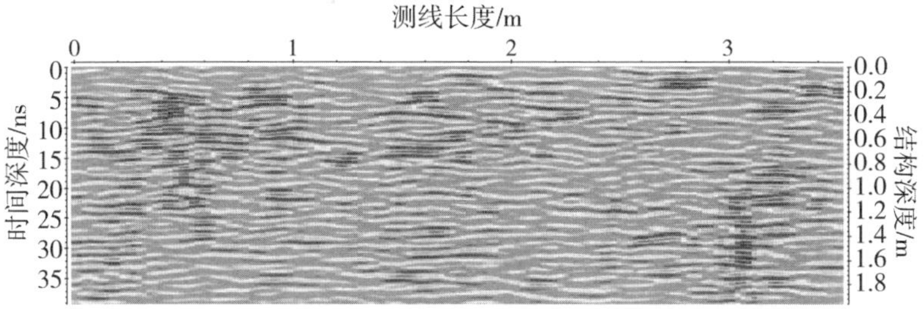

图 7.22　北侧锥坡测线二雷达探测图

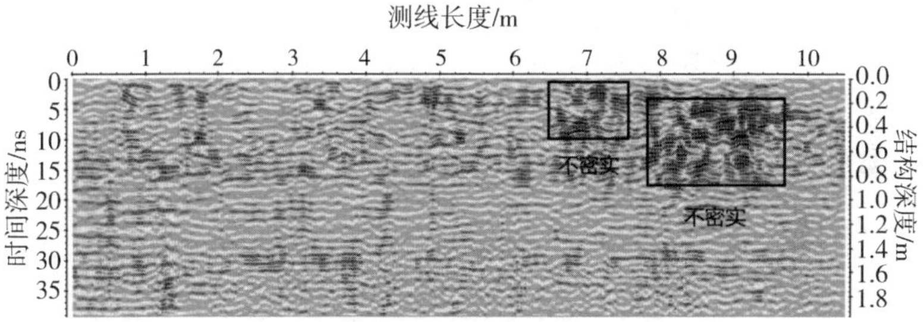

图 7.23　南侧锥坡测线一雷达探测图

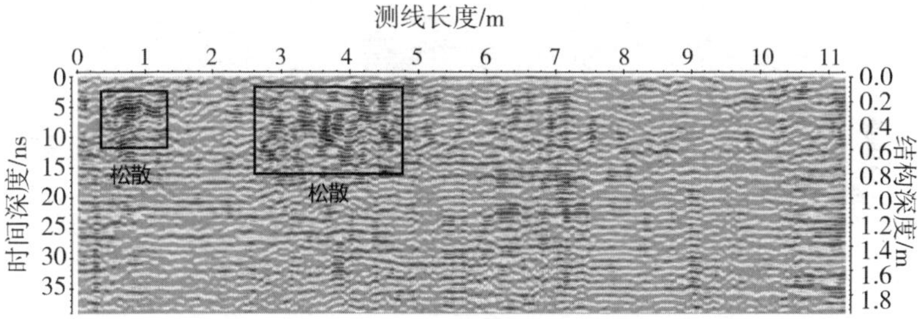

图 7.24　南侧锥坡测线二雷达探测图

2. 一体化短周期地震计探测测线布置及结果

ALLSEIS－3CLF 一体化短周期地震计在黄河公路大桥桥面布置 5 条测线，分别命名为桥面测线一、桥面测线二、桥面测线三、桥面测线四、桥面测线五；其中每一条测线均由 20 台地震计均布，相邻两台地震计间距为 1 m，测线长共 19 m，如图 7.25 所示。

采用 ALLSEIS－3CLF 一体化短周期地震计探测济南市黄河公路大桥路基 10 m 深度范围内的土层情况。通过数据处理，探测结果如：桥面表层表现出软土特征，究其原因为现场施工洒落在桥面上的建筑垃圾及残渣，但随着深度增加，回填土层表现出硬化特性，在深度为1～6 m土层范围内土体较为密实，表现出较硬特性，而深度为 6～9 m 范围内土层最软，为软土夹层，详细位置见图 7.26～图 7.30 红色线框内。

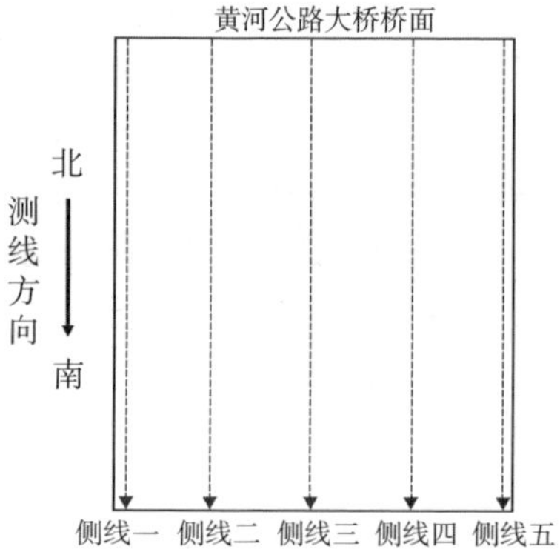

图 7.25　测线布置示意图

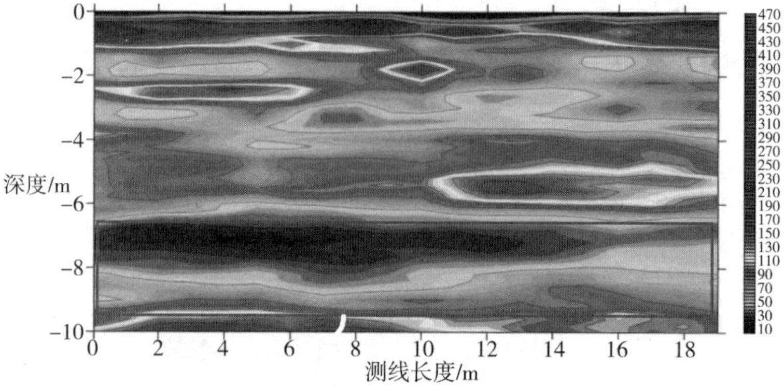

图 7.26　济南市黄河公路大桥桥面测线一

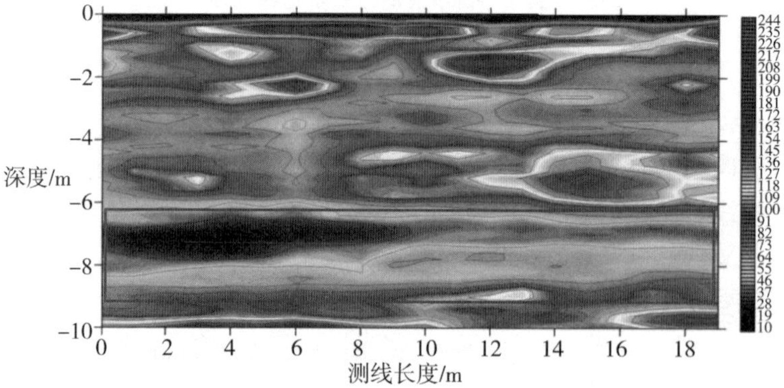

图 7.27　济南市黄河公路大桥桥面测线二

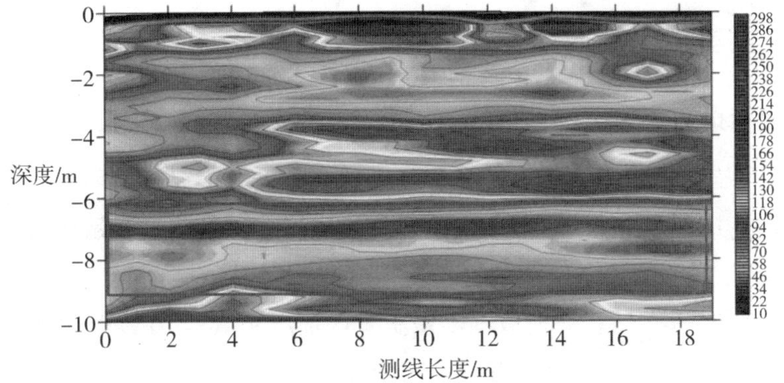

图 7.28　济南市黄河公路大桥桥面测线三

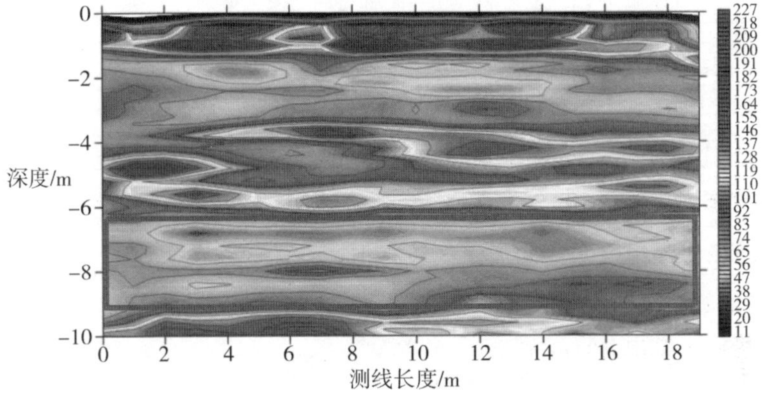

图 7.29　济南市黄河公路大桥桥面测线四

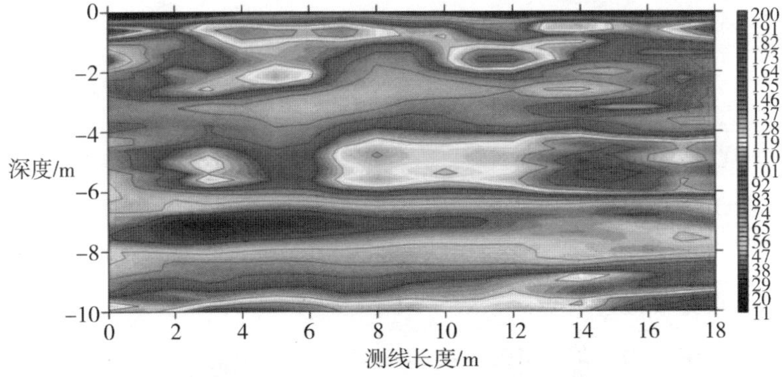

图 7.30　济南市黄河公路大桥桥面测线五

7.2.3 路基病害治理

1. 注浆充填加固方案

根据现场施工条件和注浆工艺综合分析，针对济南市黄河公路大桥桥面及边坡进行注浆充填加固，目的是填充路面下方结构层空洞以及提高结构层强度，使道路能够达到正常使用要求。

总体方案："垂直钻孔+松散（不密实）区加压充填"，在缺陷位置钻孔下套管，随后复钻注浆，一次完成，如表7.4所示。

表7.4 注浆方案

方案	注浆方案	优点	经济性
充填加固方案	松散区加压填充，一次注浆	费用低，注浆快，钻孔深度小，可快速控制沉降速率	造价低，工期短，具有良好的保通功能

2. 注浆参数

根据现场实际情况和注浆加固区域特点，具体注浆参数如下。

1）注浆孔孔径

注浆孔孔径采用 ϕ24mm。

2）扩散半径

对于浅层地表土体注浆时，浆液扩散半径计算公式为

$$R=2\sqrt{\frac{t}{n}\sqrt{\frac{Kvhr_0}{d_e}}} \tag{7.2}$$

式中：t——注浆时间，取600s；

n——土体孔隙率，取2.8%；

K——土体渗透系数，取 $1\times e^{-8}$ cm/s；

v——水泥浆液运动黏滞系数，取 $1\times e^{-6}$ Pa·s；

h——注浆压力，取1MPa$=e^4$ cm；

r_0——注浆孔半径，取1.2cm；

d_e——土体孔隙的有效粒径，取0.5cm。

代入计算公式可得出：$R=1.2$m。保证注浆加固采用注浆扩散半径为1.0m。

3）注浆孔间距

根据《建筑地基处理技术规范》（JGJ 79—2012），8.2.1条可知：

当水泥为主剂的注浆加固设计，注浆孔间距宜取1.0～2.0m。为节约注浆材料和保证注浆加固效果，注浆孔间距采用1.5m。

4）注浆材料

注浆材料采用强度等级为P.O 42.5R级的普通硅酸盐水泥，水泥浆水灰比0.8∶1，为了减小浆液凝固时间，提高浆液早期强度，可加入40Be水玻璃。掺入量为水泥浆液的1%～2%。

5）注浆顺序

垂直注浆孔为跳孔间隔注浆，按自下而上顺序注浆。

6）注浆压力

对于路基回填土地基注浆加固属于充填注浆和压密注浆，注浆压力为1.0～2.0MPa。当采用水泥水玻璃双液时，注浆压力不应大于1.0MPa。

3. 现场工艺

道路成孔采用地质钻机进行施工，地质钻机适用范围较广，适用于固体矿床的普查勘探及工程地质勘察等钻孔以及各种混凝土结构检查孔。钻机相关特点如下：

（1）具有较多的转速级数（8级）和合理的转速范围，低速扭矩大（达3 200m），既适合以合金、金刚石岩芯钻进，也可用于工程地质勘察，水文水井钻进。

（2）立轴通孔直径大（直径93mm），双轴缸液压给进，行程较长（可达600mm），工艺适应性强，特别适合大直径钻杆绳索取芯（上部取芯）钻进，有利于提高钻进效率和减少孔内事故。

（3）钻进能力大，直径71mm绳索取芯钻杆额定钻进深度可达1 000m。

（4）重量轻，可拆性好，钻机净重2 300kg，主机可分解为10个部件（可拆部件重量300kg），搬迁方便，宜于山区工作。

（5）液压卡盘采用单向供油，卡盘夹持力大，夹持稳定。

（6）配有水刹车，深孔钻进，下钻平稳。

（7）采用单联齿轮油泵供油，安装简单，方便使用，功率消耗少，液压油温低，工作稳定。装有手摇油泵，当动力机不能工作时仍可用手摇油泵起出孔内钻具。

(8) 钻机结构紧凑，布局合理，部件表露在外，不相互重叠，便于维护、保养和修理。

(9) 重心低，移车距离长（可达 460mm），固定牢靠，高速钻进稳定性好。

(10) 配有防震仪表，仪表寿命长，利于掌握孔内情况。操纵手把较少，操纵灵活。

钻机技术规格：

(1) 额定开孔直径：160mm，开孔直径允许 180mm。

(2) 立轴转速：1010. r/rain。

(3) 立轴输出扭矩：1500N・m。

(4) 起重量（一速单绳）：11kN。

(5) 钻杆直径：42mm。

(6) 钻孔倾角：90°～75°。

(7) 钻机外廓尺寸：(L×B×H) 1 700×900×1 500mm。

(8) 钻机重量：760kg。

(9) 柴油机型号：S1105。

图 7.31　现场钻孔

4. 应用效果

采用 ALLSEIS－3CLF 一体化短周期地震计探测济南市黄河公路大桥路基注浆治理情况。通过数据处理，得到物探结果如图 7.32～图 7.36 所示：注浆完成后路基搭板以下注浆范围内原来存在的不密实区域基本消失，详见图 7.32～图 7.36 红色框区域。搭板与底层接触良好，达到了注浆处理加固的目的。部分测线布置于钻孔附近，能够清晰看到浆液扩散现象，表明了浆液扩散效果良好，本次注浆效果较好。

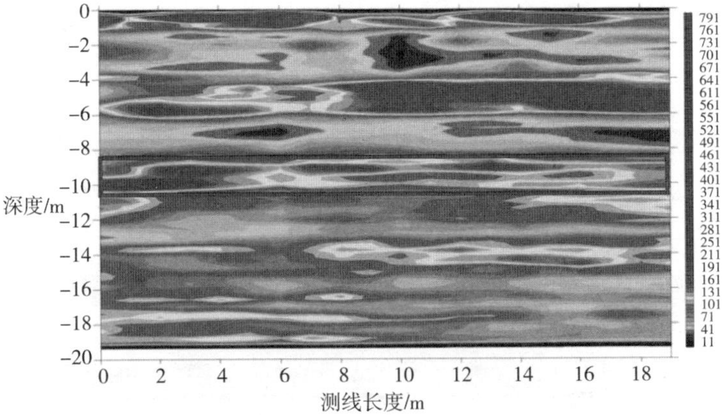

图 7.32　济南市黄河公路大桥路基复测测线一

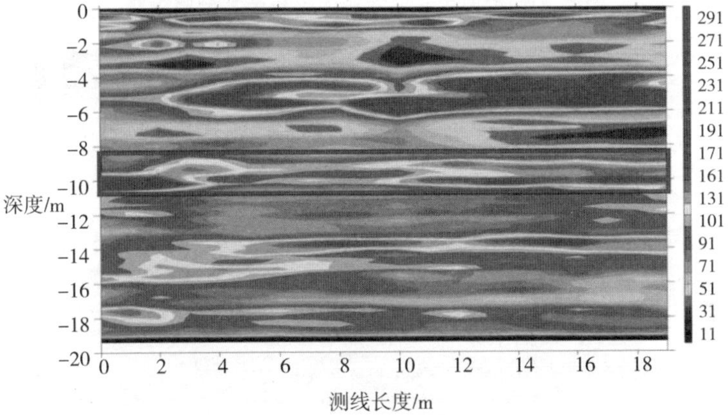

图 7.33　济南市黄河公路大桥路基复测测线二

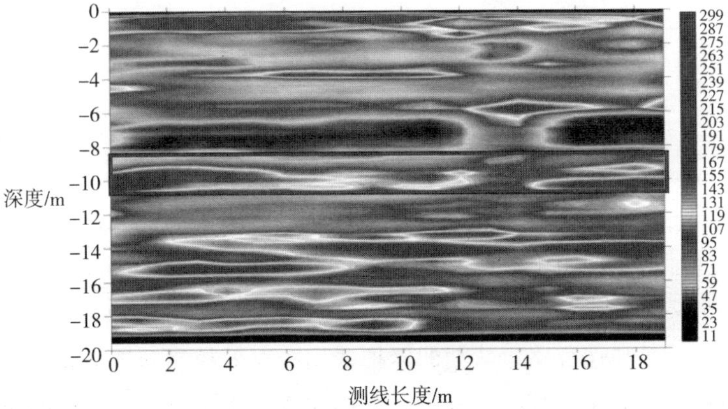

图 7.34　济南市黄河公路大桥路基复测测线三

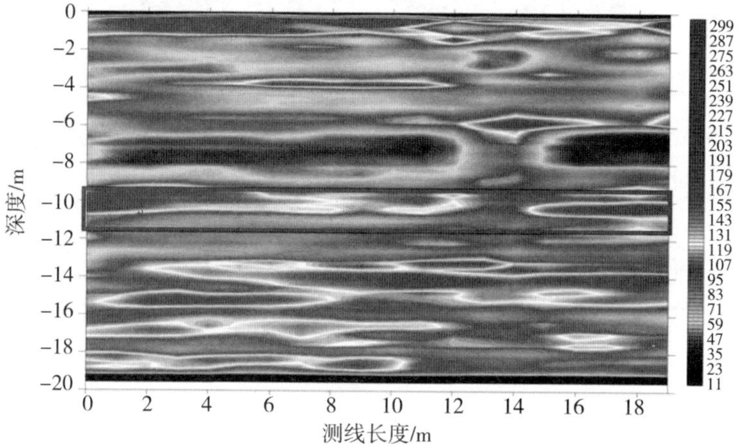

图 7.35　济南市黄河公路大桥路基复测测线四

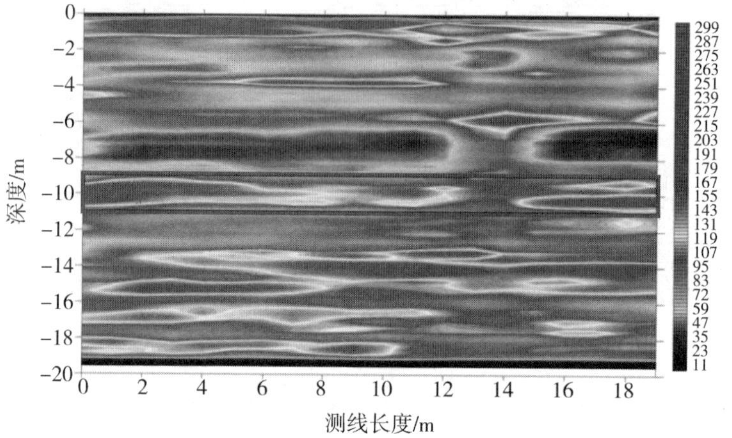

图 7.36　济南市黄河公路大桥路基复测测线五

7.3 本章小结

(1) 通过对路基回填土沉降探查与注浆治理，可有效解决施工期质量缺陷问题，保证道路整体质量。

(2) 节省后期高速公路运营期的养护费用，有效控制施工质量不易控制，存在压实盲区和较大的工后沉降等病害。采用注浆治理可有效保证道路质量安全。

参考文献

[1]胡幼常,牛同辉,林汉清,等. 双向土工格栅处理桥头跳车研究[J]. 桥梁建设,2007(6):78-81.

[2]蒋功雪. 高等级公路路基回填设计与施工的探讨[J]. 中国公路学报,1995(2):19-24.

[3]刘代全. 刚柔过渡解决桥头跳车的理论和应用研究[D]. 长沙:湖南大学,2001.

[4]周志刚,郑健龙,李强. 土工格网处理填挖交界路基非均匀沉降的机理分析[J]. 岩土工程学报,2002,24(5):576-579.

[5]郑健龙,周志刚,李强,等. 土工格网在解决填挖交界路基非均匀沉降问题中的应用[C]. 湖北宜昌,2000.

[6]刘萌成,王涓,黄晓明. 桥台后加筋回填变形性状影响因素分析[J]. 交通运输工程学报,2008(3):52-57.

[7]孟杰,赵明华,邵旭东. 沙桩复合地基防止桥头跳车的研究[J]. 西安公路交通大学学报,2001(2):41-43.

[8]刘恒新,温晓贵,魏纲,等. 低强度混凝土桩处理桥头软基的实验研究[J]. 公路,2003(11):43-46.

[9]郭庆海,周顺华,王祥. 信息化施工在高速公路中的应用[J]. 岩石力学与工程学报,2006(S1):3239-3244.

[10]叶俊能,朱向荣,谢庆道. 沉管灌注筒桩在处理高速公路桥头软基的应用[J]. 岩土工程学报,2005(1):100-104.

[11]丁彦昕. 浅议公路桥头跳车的成因与防治[J]. 公路交通科技,2002(5):92-93.

[12]张宏光,谢永利,杨晓华. 楔型柔性搭板模型实验[J]. 长安大学学报(自然科学版),2005(3):54-57.

[13]张兴强,闫澍旺. 交通荷载作用下桥头跳车的加筋效应分析[J]. 土木工程学

报,2005(10):129-132.

[14]张志强. 土工格网处理桥头跳车的优化设计[J]. 公路,2002(B11):49-53.

[15]李云飞. EPS 力学性能与减少路堤沉降的研究[D]. 杭州:浙江大学,2002.

[16]陈朋,惠冰,孟凌霄,等. 粉煤灰基气泡轻质土配合比和抗压强度研究[J]. 公路与汽运,2022(5):47-49,61.

[17]孙吉书. 加筋粉煤灰治理桥头跳车病害的研究[D]. 天津:河北工业大学,2002.

[18]沈正,黄晓明. 软土地基桥台后回填固化粉煤灰工后沉降与差异沉降分析[J]. 公路交通科技,2007,24(6):53-56.

[19]程金生,惠冰,孟凌霄,等. 公路工程煤矸石填筑路基可行性研究[J]. 建筑技术开发,2021,48(3):155-156.

[20]惠冰. 注浆作用下围岩变形规律与控制技术研究[D]. 济南:山东大学,2013.

索　引

B

C

D

F

G

H

J

K

L

M

N

O

P